다솔문학 동인지·초록물결 제14집

다솔문학 10주년 기념

울림

다솔문학과 함께한 10년, 또 다른 10년을 …

도서
출판 채은재

차 례

초록물결 제14집 참여작가

 박순옥
 박선정
 김현희
 서정원
 조동현
 이종철

 조순자
 유영아
 김덕영
 김영진
 최준표
 이화섭

 김부식
 전미정
 홍석우
 신의철
 홍성주
 이영진

 하춘수
 김경배
 신갑식
 김영호
 금문정
 정권식

 신봉교
 조태궁
 남인순
 이성두
 배동현
 김상경

 정용완
 김규봉
 김영숙
 김옥자
 이화금
 김경태

임하영

오성수

이선진

여승익

남종철

박영애

김우산

이용성

오세주

임희선

이계창

김숙자

서길모

김명동

정현희

권미선

윤 휘

이현천

박지숙

이상구

신영미

이일중

장선호

길성환

이수을

노형호

신재균

윤외기

최석종

문학의 언덕에서 부는
바람의 노래

서로의 모자람을 사랑으로 채우며
같은 곳을 향하여
손잡고 나란히 걷는다는 것은
꼭 둘이 하나 되는 부부만의 일은 아닙니다

마음을 모아 함께 이룬 문학의 성
어쩌다 가끔
서로에게 상처가 되기도 하고
서로 비껴서기도 하지만
문학의 언덕에서 부는 바람의 노래에
금세 하나의 마음이 됩니다

살다가 가끔 길을 잃었을 때
한 줄의 문장이
삶의 빛이 되어주기도 하는 것처럼
다솔문학 문우의 정이
힘이 될 때가 있을 겁니다

하나의 마음으로 쉼 없이 달려온
다솔문학은
거센 바람에도 영원히 꺼지지 않는
하나의 촛불로 남길 소망합니다

우리는 날마다
서로 마주 보며 축배를 들어야 합니다
함께 건너야 하는 징검다리가
아무리 많은 세월이 흘러도
허술하지 않을
그런 다솔문학을 위하여.

2025년 10월 10일

다솔문학회장 김 현 희 드림

다솔문학의 10주년 이모저모

▲ 다솔문학 초록물결 출판기념회 1집

▲ 다솔문학 초록물결 출판기념회 2집

▲ 다솔문학 초록물결 출판기념회 3집

▲ 다솔문학 초록물결 출판기념회 4집

▲ 다솔문학 초록물결 출판기념회 5집

▲ 다솔문학 초록물결 출판기념회 7집

▲ 다솔문학 초록물결 출판기념회 8집

▲ 다솔문학 초록물결 출판기념회 9집

▲ 다솔문학 초록물결 출판기념회 10집

▲ 다솔문학 초록물결 출판기념회 11집

▲ 다솔문학 초록물결 출판기념회 12집

▲ 다솔문학 초록물결 출판기념회 13집

11

▲ 2016년 다솔문학 출범식 (2016)

▲ 다솔 시낭송 대회 (2017)

▲ 문학기행 조병화 기념관

▲ 문학기행 풀꽃문학관

▲ 11월 다솔정기모임 및 송년회 (2017)

▲ 사랑시집 출판기념회 (2017)

▲ 사랑시집 초록엽서 출판기념회 (2018)

▲ 오순택 동시작가 초청 강연

▲ 이승하시인 초청 강연

▲ 채계산

▲ 설봉산 산행

▲ 청와대 방문

▲ 독도 방문

다솔문학 10주년 기념

울림

가을 소식 외 2편

연 심 박 순 옥

팔랑팔랑
원앙금침 펼쳐놓는
은행잎

투 욱 투 욱
허리춤 풀어놓고 힘쓰는
밤송이

후 끈 후 끈
온몸이 달아올라
부끄러운 단풍 아씨

오 동 통
살 오를 대로 오른
탐스러운 사과

가을이
소담스레 영근다

시의 우물

참 좋은 약수
마음의 갈증을 달래주고
촉촉하게 젖어드는
감성의 느낌이 다르다

행을 정하고
연을 나누고
다듬고 읽어보면
마음을 씻어주는 샘물 같다

파면 팔수록
맑고 웅숭깊은 우물이어서
길어 올리는 두레박에
시어가 출렁거린다

동백을 애도하다

번개와 천둥이 만난 오후
갑자기 자드락비
병원 담벼락 아래 서 있던
동백나무를 후린다

품위를 잃지 않으려
붉은 꽃송이 한창일 때 지는 동백
요염함도 잠시
꽃 무덤 늘비하니 무상하다

붉은 꽃 무덤 앞에 서서
동백을 애도한다

🌑 연심 박순옥

〈서정문학〉시부문 등단(2015) 〈청옥문학〉동시 등단(2021)
다솔문학 고문, 한국문인협회 회원, 부산문인협회 회원, 청옥문학협회 부회장, 영축문학 회원
서정문학 시인상(2015) 남제문학 작가상(2018), 시와 수상문학 문학상, 꽃시 문학협회 공모전 최우수 작품상(2021), 김어수문학상 우수상(2020), 서울 지하철 스그린 도어 공모전(모시떡, 2022), 사)한국문인협회 이사장 표창장(2022), 2023, 제 11회 한국 꽃문학상, 제20회 국제종합예술대전 공모전 디카시 우수상
초록물결:1—12집 공저
시집 : 『커피 내리는 아침』, 『머문자리 꽃자리』, 『사람도 풍경이 된다』, 『바람의 장난』 동시집 : 『달빛』

구절초 소묘 외 2편

해강 박선정

가을이 머무는 샛길
한강 나루터로 생태화단에
어쩌다 뿌리내렸는지

골목 어귀
가녀린 몸짓 잿빛 하늘 향해
손짓하는 어머니 사랑
감돌아
꽃의 여운으로 흩어져

도시의 골목길 흔들어
가녀린 꽃대궁 삼키려는 듯
북서 계절풍 휘감고

우아하고 당찬 순수로
발현하는 여러 갈래의 춤사위
막바지 늦가을 바람

가을 하늘이 내려와 앉은
골목길을 걷는데
하얀 구절초 꽃이 웃고 있다

여운

참으로 긴 세월의
여정이다

또, 뒤로한
날들에로의 회기

그러나 갈 수는 없다

다가올
미래도 예측할 수 없는
한계성에

새삼 놀랄 수밖에

그러나 머물거나
안주해 버릴 수 없는
사람의 길

그것은
나의 삶이요
모든 사람들의
어쩔 수 없는 운명이리라.

졸음의 미학

연쇄 폭발처럼 터지는 하품
그 뒤에 오는
눈꺼풀의 닫힘
알람은 꺼진지 오래지만
내 의식은 아직
어둔 방을 맴돈다

꿈인지 현실인지
아른거리는 사물들
꿈이라면 그 꿈의 화소 값을
계산할 수 있을까

아니, 그냥 방황하는 것 같다
낯설다
뒤척인다
방황한다
꿈결인가
생시인가
알 수 없는 상태다

눈꺼풀은 닫힐 듯 말 듯
생시의 백엽
환상의 백엽
잊힌 시간들이 시동을 건다

그리움의 시동이었으면 좋겠다
졸음을 미학이라 부르는 오후

♠ 해강 박선정

아호 해강(解繡)
시집 :『젊은 날의 초상』『잊어야 할 것이 있다면 내일』
한국문인협회 회원
다솔문학 고문
송파문인협회 회원
시와수상문학 회원

아침 편지 외 2편
-옹달샘물 같은 그대에게-

은하 김현희

바람의 모가 자꾸만 날카로워집니다
모든 것을 감싸안아야 할
계절로 향하고 있습니다
계절의 방향을 가늠하지 않고
차가운 바람의 거리로 나서는 그대
그대의 여린 마음을 감싸안고 싶습니다
앞서간 사람들이 만들어놓은 길을 따라
가을이 더 익어버리기 전 그대와
그 길을 걷고 싶습니다
영혼을 끌어당기는 빛의 노래
바람의 노래로 흔들리는 들길의 춤사위에도
쓸쓸함이 느껴지는 가을
해 질 녘 강변의 노을 앞에서
스스로 무너지는 갈대의 속내를 들어보고
쓸쓸하거나 아름다운 생각들을 나누며
잠시라도 내면의 소리에 귀 기울이고 싶습니다
그대를 만나 강물이 되고 바다가 되고
나무가 되고 숲이 되는 꿈을 꿉니다
경이로운 세상이 펼쳐지는 꿈
내가 쓰는 편지가

내가 띄운 편지가 그대에게 닿으면
밤하늘의 별이 더 반짝이겠지요
내 안에 있는 별 하나 그대라는 풍경에
한 점 그림이 되고 싶습니다
밤을 지새우며 달래도 쓰라렸던
청춘의 강을 거슬러 올라
발그스레한 마음 나누고 싶습니다
외로운 섬의 등대가 되어 홀로 떨어야 했던
지난날을 이야기하고 싶습니다
가을 길을 걸으며.

인연

이러면 어떻고 저러면 어떤가
한평생 살아가는 동안 만나는 수많은
인연이 어떻게 다 고울 수만 있겠는가
곱게 시작한 인연 상심으로 끝날 수도 있고
악연으로 엮였는데 겪어보니 참으로
좋은 인연이구나 싶을 때도 있지 않던가

젊었을 때는 버럭 화를 내기도 했지만
이제는 제풀에 꺾일 때도 되지 않았는가
이런들 어떤가 저런들 어떤가
흐르는 강물 붙잡으면 썩기밖에 더하겠는가
강물도 사람의 마음도 붙잡는다고
머무르는 것 아니지 않은가
여름 좋아한다고 계절을 붙잡을 수 있는가

고운 인연의 그릇에서 풍기는 향기는
뚜껑을 열지 않아도 곱기 마련이라
살아가면서 우리는 인연이 곱기만을
바라는 것이지 않은가
사람이 사람과 어우러져야 하는
이 세상 속에서 우리라는 단어에

포함되는 너와 나
서로 고마운 존재가 아니겠는가

연꽃에게

너를 두고는 마음이 놓이지 않는다고
가두려고 안달복달하는 사람들에게
나뭇잎 사이로 반짝이는
아침햇살의 찬란함을 얘기해 주렴

사람들 틈에 끼어
웃다
울다
죽을 때까지 들판을 질주하는
황소처럼 자유롭고 싶다고도 얘기하렴

사랑했고
그리워했고
모든 걸 다 주고 싶었다는 얘기는
그림으로 남겨두는 게 좋겠어

가끔은 부표처럼 떠오르지만
잊은 지 오래라는 말은
꿈이 부서질 때까지도
마비시키는 게 좋겠어

비가 많이 쏟아지는 날
진흙탕 길을 걷는 사람에게
쓸쓸하냐고 묻지 말고
전하지 못한 편지 한 통
손에 꼭 쥐여주렴

그 편지지엔
다시는 볼 수 없을 거란 말은 없었으면 해

🖤 은하 김현희

다솔문학 회장
한국문인협회 회원
현대문학사조 편집위원
안중근의사 의거108주년 기념 전국학생백일장 시 부문 심사위원
2016년 서정문학대상 수상
문예계간 시와수상문학 2017년 문학상 수상
2020년 현대문학사조 문인협회 작가상 최우수상 수상
서울시 지하철 승강장 스크린도어에 다수의 시 게재
제 6회 배기정 문학상 수상
2024년 현대문학사조 문인협회 작가대상 수상
개인저서 : 『달팽이 예찬』, 『어둠이 말 걸다』, 『생선살 발라주는 남자』
『노루 꼬리가 길면 얼마나 길다요』, 『옹이박이』

계영배(戒盈杯) 외 2편

청 림 서 정 원

친구야 이 사람아
뭘 그리 채우는가

한가득 다 채우면
그다음 만족할까

멈추게
그만하시게
쉬엄쉬엄 가세나

부활초

세상에
기적이라
죽었다 살아났다

바위손
불사초요
부활이 꽃피었다

인간사
생로병사에
산천초목 웃는다

애란의 노래(風蘭歌)

늘 푸른
선초(仙草)로다
불사초(不死草) 변함없다

잎이요
뿌리 보소
꽃이요 향기(香氣)로다

긴 세월
참다운 매력(魅力)
너뿐인가 하노라

🖤 청림 서정원

2021 · 4 현대문학사조 시 부문 등단
2022 · 4 현대문학사조 시조 부문 등단
한국문인협회 회원
현대문학사조 부회장
다솔문학 부회장
청풍명월 정격시조 회원
2024 · 4 현대문학사조 우수상(시조 부문)
2022 · 11 다솔문학 공로상
2022 · 4 현대문학사조 신인상(시조 부문)
2021 · 12 마운틴 TV 공간시즌2 공모시 선정(불로초)
2021 · 4 현대문학사조 신인상 (시 부문)
저서: 시집『선퇴의 꿈』
　　　시조집『청림원의 노래』

그대 오신다면 외 2편

구 산   조 동 현

아침 햇살 내린
창가에 장미꽃웃음 활짝
피어날 때

그대 마음에 장미꽃
한 송이로
붉게 피워드릴게요

그대여
내 손잡고
아지랑이 너울 타고
오소서

온 세상 꽃잎이 비바람에
떨어진다 하여도

볕드는 창가에서 화사한
봄꽃처럼
환하게 피어나소서

내 고향 가을 향수

초라한 지붕 아래 모여 앉아
도란도란하던 옛 시절

귀뚜리 풀벌레 소리 리듬 따라
허수아비 더덩실 어깨춤 추던 곳

코스모스 바람과 노닐던 풍경
만추의 황금물결이 펼쳐지던 곳

해바라기 눈빛의 정겨움처럼
고향 하늘을 지키는 유년의 벗들

떠나온 지 오래지만
향수 깊은 풍요롭고 흥겨운 내 고향

삶

아침에 떠오르는 해님 따라 흘러가는 세월아

잡으려 해도 잡히지 않는 저 구름처럼 흘러만 가누나

비바람 몰아치고 우레가 내려쳐도
모진 풍파 견디며 살아온 세월

무심한 구름을 탓할 수는 없지만
나이 들수록 뜸해지는
인연의 톱니바퀴

구름은 유유히 흘러도 삶의 굴곡은
변화무쌍하다

🔹 구산 조동현

현대문학사조 시 등단
한국문인협회 회원
연재) 청주일보, 커피 헤럴드신문, 더 최고신문, The뉴스라인, 계룡일보, 코리아 24
공저)현대문학사조, 다솔문학, 숨문학작가협회, 선진문학작가협회 동인지 다수
참여
저서) 1집 『그 남자 항상 대기 중』, 2집 『몽애』

가을 외 2편

석정 이종철

가을은 참 예쁘다
흔들거리는 코스모스가 예쁘고
산들산들 바람이 예쁘다
오색찬란한 단풍이 예쁘고
티 없이 맑은 파란 하늘이 예쁘다
들판의 노란 물결이 예쁘고
힘차게 흐르는 강물이 예쁘다
굴곡의 세월에도 변함없는 누나의 예쁜 심성과
병마와 아웅다웅하고 있는 형님의 애정 가득한
인자한 모습에서
가을은 우리 가족에게 가장 큰 선물이다

단죄

동서고금을 막론하고 단죄하지 않은 역사는 없다
경제보다 민생보다 단죄가 먼저다

계엄군 총칼에 무자비하게 학살당한
광주의 비극을 보고도 정신 못 차리는 자들
집행자는 단죄를 미루고
주동자들은 단죄 받기를 거부하고 있다

그러나
2025년 대한민국 국민의 명령은 단죄다

육십 대 중반의 삶

어제는 친구 아들 결혼식장에서 축복을 기원하고

오늘은 또 다른 친구 비보에

황망함을 넘어 충격과 안타까움에 가슴이 미어진다

내일은 요양원에 계시는 절친의 모친의

긴 여정이 예정되어 있다

육십 대 중반 나의 삶은

집착과 탐욕을 버리고

마음을 가벼이 하고 싶다

🔸 석정 이종철

2015년 시 등단
다솔문학 총무국장, 한국문인협회 회원
서울詩 지하철 공모전 당선 시
~너는 나의 봄이다~게시
다솔문학 동인지 초록물결 1집~11집 모두 참여
다솔문학 시화집, 캘리집, 동시집 외 다수 참여

손톱달의 가을연가 외 2편

순수 조순자

가을의 내음이 가득한 날
바람이 그러하고
햇살이 그러하고
나뭇잎이 그러하다

길섶 풀꽃은 시들고
가을밤 손톱달은
초롱초롱한데
빗방울이 떨어진다

깜깜한 하늘에
반짝이는 손톱달과 별 무리들
그 와중에
비가 오니 놀랍다

별과 달이 눈 뜨고 우나 보다
이제 가을이니
가슴마다 절절한 사연 하나씩
심어 보라고.

자연의 선물

고향의
사계절은 향기롭다
양지바른
골짜기에서 선뜻
느타리버섯이
흰 속살을 드러낸다

가을철에만
맛을 볼 수 있는
소나무 버섯과 싸리버섯도
한 줌 따왔다

식감이 좋으니
입맛 돋워 살찌는 소리뿐

너로 인하여
식탁이 풍성하니
내가 행복하다

지금도 괜찮은데

단풍아 너는 아픈 구석 없이
예쁜 색으로 왔구나

내 속은 한없이 부드럽고
잘 먹고 거칠 게 없는데
머리에서부터 발끝까지
알레르기투성이
지금이 내 인생의 화양연화라고
생각을 또 하고 또 해본다

남들도 그렇게 사는데
웬 호들갑이냐고
반문해도 상관없고
누가 뭐래도 내 인생이니까
지금이 괜찮아 괜찮아
위로하고
힘을 내본다

🌸 조순자

한국 국보문학 시인 등단
한국 국보문학 수필가 등단
좋은문학 창작예술인협회
시연문학집 공저
다솔 동인지 초록물결8집~13
저서 허기진 그리움 · 노을빛 향기 · 천상의
화원(시조시화) · 제2의 인생 향연 · 그곳에
손톱달이 뜨면

깊은 밤을 날아서 외 2편

서우 유영아

길고도 긴 어두운 터널 속을 나온 듯

태양빛이 눈부셔

눈을 뜰 수가 없다

깊은 밤을 날아 보자

자유로이 반짝이는 별들도

눈부신 저 달도 환하게

밝혀주는 가로등

불빛에게도 길동무 되어줘서

고맙다고 인사도 해보고

자유로이 이 밤을 날아보자

그래도 괜찮아

광활한 저 수평선 위를
활주하는 외기러기 짝을 잃어 외로이 울까

자유로운 영혼 되어 즐기는가
훨훨 비상하며 이리저리 분주하다

낙하하며 먹이를 낚아챈다
분명 운명 위에서 즐기는 게야

그래도 괜찮아

빗줄기

똑똑똑 창문을 두드린다

누구일까? 열어줘야 하나

뚝뚝뚝 하늘이 우는 걸까?

뚜닥뚜닥 뚝뚝뚝

창문을 타며 놀고 있는 가을비

신이 난 듯 줄타기하는 빗줄기

🌰 서우 유영아

한국문인협회 회원
현대문학사조 등단
다솔 문학회 홍보국장
청옥문인협회 회원
40인의 명시등
동인지: 참새들의 모꼬찌. 시화집. 붉은고백. 꽃잎편지 등 다수 참여

꽃타령 외 2편

동 해 김 덕 영

여기서 톡톡
저기서 활짝

벚꽃
매화

하얀색
노란색

빨갛게
익어가는 꽃

설익은 바람에
더욱 익는다

봄꽃 춤사위에
풍덩 가슴이 울렁인다

상념

여기저기서 피어나는
꽃들을 보며

봄은 봄이구나
당연히 피는 꽃들 속에

아직도 풀리지 않은
계절의 기온차를 느끼며

아직도 멀었다기보다
우리가 되려 참을성이 없는가

변화무쌍한 기온으로
봄에 흠을 내는 건 아닌지

분명 봄은 코앞에 와 있을 텐데
콩알 만 한 가슴은

여전히 봄을 시기 질투하듯
말과 행동으로 계절을 앞서간다

흘러가는 바람과 구름은
꽃들을 달래주기에 여념이 없다

하루

습관처럼
핸드폰 보며

세상 돌아가는
이야기 듣는다

그런 날이 있어서
하루를 꾸릴 수 있고

고민도 하고
뿌듯함도 갖고

하루하루를
반성하며

오늘과 내일을
살아낸다

오늘따라 세차게 이는 바람 소리
어떤 행복이 묻어올까

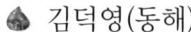 김덕영(동해)

한국문인협회회원
다솔문학 회원

땅이 낳고 담이 키우는 호박 외 2편

김 영 진

호박 넝쿨아 뜬소문은 굴러오던데 기별 없이
기척 없이 굵은 노끈 걸듯 언제 담 넘었니
왜 악착같이 꼬아 붙잡는 넝쿨손 그냥 두니
지지대 없이 뻗어 올라 대견하니
쉿, 담에서 클 애호박 잉태했니

황폐한 공중에 노란 샛별꽃 선명하면
직선만 가는 덩굴이 담벼락 애무하는
곡선 같잖니

길 없는 공허 더듬어 살 일 찾니
그래, 여기 바지랑대 연결하니 넝쿨손
깍지 끼고 잠깐 쉬겠니

굴러 오진 않았어도 발로 찰 일 없으니
파란 허공 참 좋지 않니

사이비 인간

친자 앞발에 걸려 엎어진 친부
그대로 건조된 뒤

그리 알아 한 걸음 가는 친자

친생녀 미소 허문 생부가
깨진 조각 웃음 제작한 뒤

그리 알고 한 걸음 더 가는 생부

놓친 계절 운행 길 더듬은들
봄이 봄이리오만

압침 깔린 허방다리 들앉은 다람쥐가
도토리알 필요 없다지만

사지 육신 감응하는 오감
여전한 오늘

회생

어떨까 두레박 겨울 내내 바닥 지키다
봄 아닌 봄 설치하고 검은 우물 바닥에
가 닿으려 새끼 꼬아 두레박줄 끝 이을 때

히스테리 걸린 매미 괴성은 서슬한 아침
바닥 찾은 걸까 있을까 바닥 닿긴 할까
언제 볼까 먹물 고인 바닥에서 마법
벌어질까 자기 몸에 걸친 옷대로
착각하는 세탁소 옷걸이 아닐까

별별 생각 이어지다가
두레박줄 천천히 한 뼘 내려놓는다

한 뼘을 더 더 내린다

🔸 김영진

시몽 회원
다솔문학 운영위원
다솔문학 동인지 초록물결 다수 참여

사랑 외 2편

원석 최준표

가을 햇살
소나무 사이로 살며시 여민다

풀잎에 이슬이
또르르 떨어지며
사랑이 꿈틀

나에게도

신입생

텃밭 교실에
바람을 안고 온 고추반
이슬을 안고 온 상추반
햇볕을 안고 온 고구마반

신입 친구들
오늘도 왁자지껄

별밤

드넓은 밤하늘에
수많은 달님과 별들

반짝반짝하며
무슨 이야기 나눌까

동이 틀 때면
포근한 달님도 하품하며

별들과 깊은 사랑
나누었을까

🌰 원석 최준표

서정문학 동시, 시 등단
옥천문학회 회원
다솔문학 영상국장
동시집 : 『나이는 무슨 맛일까』

춤추는 접시꽃 외 2편

이 화 섭

예쁜 새색시처럼
연분홍 자줏빛 저고리에
연녹색 치마를 입고
바람에 실려 춤추는 접시꽃

연지곤지 찍고
시집갈 나이인데
바람에 실려 온 그리움에
하루를 즐기는구나

당신의 향기는
바람에 실려
있는 듯 없는 듯
아련하기만 한데

내 님은 어디에 있을까
오늘도 긴 목을 뽑아 들고
하늘로 하늘로
님 그리워 춤을 추네

염원(念願)

찬란하고 희망찬 새해가 밝아온다
수평선 위로 장엄하게 떠오르는 태양
온 우주의 대망을 품고 다시 피어난다
세상을 환하게 밝히는 한줄기 빛으로
세상 문을 눈부시게 밝히며 열어간다

붉은빛이 가득한 따뜻함으로
세상을 온기로 품어주고
그 온기를 세상에 다시 베풀며
마음 가득히 에너지를 전해온다

우리 모두가 바라는 희망과 소망
간절한 기도로 여는 열망과 갈망
내심 깊은 곳에 끓어오르는 야망
모든 이들의 소원을 가득 담아 비춘다

이 아침 이 시간 고운 마음을 찾아
애드벌룬에 고이고이 꼭꼭 담아서
하늘 높이 띄워 보내며 두 손을 모아 본다
우리의 미래는 나의 내일은
새로움으로 가득한 빛나는 나날이 되기를

봄(春)

두 손 꼭 잡은
간절한 기다림으로
살며시 찾아온 봄

개나리, 진달래, 민들레
사연 많은 제비꽃 한 쌍
무지갯빛 봄

개나리 식탁 위에
제비꽃 화병에
진달래꽃 화전을 부쳐
민들레 꽃반지 선물까지

겨우내 품고 있던
천연색 물감으로
무지갯빛 사연을
주저리 풀어 놓는다

산들바람을 타고 온 봄은
민들레꽃 숲 가운데
얘기 보따리를 풀다가
깊은 잠에 빠져들었다

♠ 이화섭

건축공학과 학사 졸업
한국원자력연구원 책임기술원
월간 시사문단 시 부문 신인상 수상
시인의 마을, 다솔문학, 문학과 별
시와 이야기, 글 쓰는 사람들 동인

밤(4) 외 2편

필원 김부식

어이 친구!
이백은 강물에 빠진 달 건지려다
강에 빠져 죽었다던데

난 오늘
상아빛 내려앉은
이 밤을 밝혀

쪽박 드리워
강물에 빠진 그 달
가득 담아 올린다네

물동이 넘치게 퍼 담아
달빛에 내 마음 물들이고
죽은 시인의 혼도 담으려네

그리하면
이백이가 잃어버렸던 달도 찾고 그 영혼도 찾아

내 호수에
풍덩 빠져 들어와 밤새워
나와 놀지 않겠는가 친구야!

구월의 마지막 날

억지춘향으로
네게 등 떠밀려
너 따라 시월로 나도 간다

떠밀린 가속도에
넘어지지 않으려고
바람벽에 걸린 널 붙든다

내일 아침
무담시* 붙들었나 싶겠지만
영결(永訣)의 삭힘이다

꽃상여인양
오색으로 치장한 나뭇잎
위안의 길놀이 산 넘어가면

중증으로 도진
가을 병증은
어디라도 가고파 안달이 나고

시간은 사람을 닮게 할까
나는 갈색으로 닮아가고
그림자로 놓인다

*무담시-괜히. 전남 방언

꽃이 전하는 말

꽃이 활짝 폈다
너무 고와서 아끼고 사랑한다
삶도 꽃같이 핀다고 한다

시간이 지나며
고왔던 꽃잎도 하나둘 지고
짠하게 볼품 없어진다

그에 사랑도 진다
저가는 꽃 앞에서 문득
울컥함이 치밀어 온다

이제 보니
저가는 꽃 속에
부모님 오롯이 계시구나

방창했던 시절 꽃 속에 날 품고
모든 것을 다 내어주고 끝내
저 가신 부모님 계시구나

뉘 덕에 여기 왔고
뉘 덕에 살았는데
소홀했던 섬김

아아 이제야 깨달은 생각
어찌 부모라고 완벽한 존재인가
어쩔 수 없는 것이 삶인 것을

투정하고 괴롬 주어
갈기갈기 찢었구나
꽃 진 자리 보노라니 부모님 계시네

🍂 필원 김부식

다솔문학동인. 남도문학동인.
공저: 동인지 초록물결 6-14호.
사랑시집 4호. 들국화 연가. 캘리그래피 시화집.
우리시 동인 동인지. 하늘, 그 푸른 빈자리 외 다수

눈 꽃 뜰 외 2편

전 미 정

눈 내리는 밤
혼술을 청해보는 뜰
불경기 이후 오래 버티더니
결국 '임대'가 붙었다
혼술을 모르는 나는
혼밥을 몇 번 먹은 적이 있다
아내는 아프고
아이들은 어리고
하루도 쉬는 날 없다던
남편만의 일터
임대를 써 붙인 걸 보니
저민 생선살인 양 마음이 아리다
선량한 인상
좋은 솜씨
편안한 분위기의 눈 꽃 뜰
어디에서
무얼 다시 시작하든지
거뜬히 일어서기를 빈다

미션

하루 한 편 글쓰기가
또 이어져요
날마다 쓸 글이 있으면 좋겠지요

어느 날은 섬광처럼
시 한 소절 번뜩이다가
어느 날은 도대체 실마리가 풀리지 않네요

생각이 야물어야 야문 시가 되겠지
시인입네 하면서 시답지 못하니
늘 초조히 시에 쫓기지요

어둠 끝에 먼동이 트듯
시의 강 도도하게 흐르거라

날마다 새날이니
시의 노래 콸콸
푸르게 푸르게 흐르거라

문득 생각나는 것들

따스함
햇살이 피어오를 때의 빛과 밝음
세상의 모든 차가움을 녹이는
가장 부드러운 불꽃

깊고도 고요함
늦은 밤
창밖으로부터의 정적
세상의 모든 소리가 사라진 듯 한때
내면의 가장 깊은 곳에서 울려 퍼지는
평화의 노래

넓고도 편안한 것
끝없는 수평선과 지평선을
마주했을 때의 자유와 기쁨
복잡한 생각들이 잦아들고 마음이
텅 비워지는 순간
나를 온전히 품어주는 세상에서 가장 넓은 품

이런 느낌들
우리들 마음에 언제나
따스하고 고요하고 편안하게
와닿기를

🌰 전미정

다솔문학 회원
전북여성백일장 수필 입선
시집 : 『모란을 꺾어 든 여인』
현대문학사조 시조 등단

다솔문학 14번째 동인지 *울림*

작은 별 외 2편

홍 석 우

비라도 오려는 걸까
검은 구름 떼 지어 몰려든다
초저녁 보았던 그 아인 떠났을까
어둠을 스치듯 지나는 발자국 소리에
한참을 뒤척이다 바라보니
아직도 머뭇거린다

이대로 시간이 멈추었으면
작은 바람으로 꿈꾸어 본다
무언가에 취한 듯 벌떡 일어나
창문을 열다 마주친 눈빛

입가에 번지는 옅은 웃음
작은 눈 깜박임에도 쑥스러워
쫓기듯 구름 속으로 도망쳐
몸을 숨기더니

수줍었던 그 아이
오늘은 용기 내어
느릿느릿 내 곁으로 다가오는 너
내일 아침엔 늦잠을 잘 것만 같아

진한 그리움

창가에 맺힌 이슬
밤새 비가 내렸음을

베란다 한쪽 흥건히 고인 물
밤새 덜컹거리던 창문은
닫히고 싶었으리라

구름 한 점 없던 하늘
작은 틈새를 비집고 몰려든 바람이
온 세상에 비를 내리고 싶었나 보다

시야를 가리는 푹 젖은 공기
관절 마디마디를 찌르는 통증
젖은 낙엽을 힘겹게 밀어내는
아버지의 낡은 빗자루
지난밤이 남기고 간 흔적은
닦아낼수록 더욱더 선명해지는
진한 그리움이었다

선물

따스한 바람이 귓전을 스친다
봄이 내 곁으로 다가왔다

얼어붙어 버린 마음
따뜻하게 어루만져 주고
화사하게 물들이는

남쪽에서 불어오는 바람은
참 예쁜 바람이다

봄이 바람을 데려왔을까
바람을 타고 봄이 실려 왔을까?

설레는 가슴을 안고
벚꽃 흩날리는 길을 걸을 수 있는 봄이
내게는 크나큰 선물이다.

🝐 홍석우

다솔문학 회원
초록물결 5~9, 11, 13, 참여
사랑시집 콩깍지 들국화연가 참여

현충원 외 2편

신 의 철

감자꽃이 피면
돌아온다던 지아비는
끝내 돌아오지 못하고
한 줌의 재가 되어
이 가슴에 묻혀있네

연정(戀情)을 품고 살아온
할머니의 등골은
기역자가 되어
초연(硝煙)의 냄새가
가시지를 않았는데

무거운 발걸음으로
현충원을 찾아서
치맛자락으로
묘비를 닦아내려 가는
처연(凄然)한 할머니는
눈물의 술잔을 올리네.

봉정암 가는 길

설악을 가슴에 품으니
마음은 대청에 걸쳐있고
백담에 발을 담그니
운무는 산허리를 휘감네

자연의 숨소리에 귀를 열고
영시암에서 한숨을 내쉬니
모란이 나를 반기는구나

구곡담 푸른 물에
속세에 때를 벗기고
쌍룡폭 떨어지는 물줄기에
잃어버린 나를 찾는다

용아장성 첫머리에
고즈넉한 절집 봉정암
봉황이 앉아 있는 듯
봉황암이 이채롭다

벼랑 끝에 사리탑은
천년을 지키며 중생을 인도하고
산사에 울려 퍼지는 범종소리에
봉황도 날개를 접는구나

가을 집시

환상의 계절 가을은
사색을 하며 떠나는 나그네
가을이 오면 누구나
시인이 되고 화공(畵工)이 되고 싶은 마음에
홀로 가슴을 태운다

단풍이 곱게 물들면
길 떠난 나그네의 가슴은 센티하여지고
창공을 나는 철새처럼
사랑하는 사람과 함께
긴 여행을 떠나고 싶은 것도
가을이 가져다주는 선물이다

기울면 기우는 대로
있으면 있는 대로
없으면 없는 대로 집시가 되어
빈 노트에 연필 한 자루
손에 들고 바람처럼 구름처럼
떠나고 싶은 것도
가을이 연출해 내는 작품이다.

🍂 신의철

다솔문학 회원
동인지 다수 참여

양평 드라이브 길 외 2편

홍 성 주

희미한 물안개 피어나
뚜렷이 보이지 않는
강 넘어 커피숍에서
사랑을 속삭이는 두 사람
다정히 바라보며
눈빛으로 하는 이야기

오염되지 않아
맑고 깨끗한 생명수에
활기를 불어주는 그 시간
꿈이라 생각할 여유도 없이
행복을 마음에 새겼으리라

나도 한때에는
저들보다 더 깊은 사랑으로
옆에만 있어주면 영원히
행복할 거라는 착각에 빠져
원하는 거 다 해 주겠다고
애원도 해봤으니까

노량진 수산시장

언어들이 활어들 틈 속에
팔딱팔딱 살아
생기 발랄한 모습으로
손님을 유혹
유창한 말씨는 우리를
음식점으로
안내하기 충분했다

가리는 것 없이
몸에 좋다고 하면
뭐든지 먹을 수 있는 게
인간이 아닐까
특히 회라고 하면
양식보다 자연산 찾는다

도살장에 가도 마찬가지
동물이라고 해도
해산물과 별반 다를 바 없이
우리의 일용할 양식으로
된다는 것이 축복일까
비극일까

청계천의 봄날

음악 플랫폼이 다리를 놓아
처음으로 마주한 그대
고품 있는 자태에 흠뻑 젖어
나를 수다쟁이로 만들었다

만개한 노란 개나리
사열하며 품어내는 향기도
졸졸졸 노래하며 흐르는 물도
그대의 미소와 샴푸 향기가
감싸버려 무용지물

어느샌가
그대에게 물들었나
내 가슴은 말하네
영원히 변치 않는 친구로
내 곁에 남아주기를

🌰 홍성주

다솔문학 회원
다솔문학 동인지 다수 참여
영상 감독

동생 테오는 형 고흐에게
이렇게 말했다.
"형은 그냥 좋은 화가가 아니야.
위대한 화가야."

나도 이런 동생 하나 있음 좋겠다.

형제 / 이 영 진 외 2편

닮았지
반 고흐와,
고집 세단 거,
아무도 못 말려.

친구의 평가

까마귀

저놈들도,

무명이라고,

날 개무시하네.

무명의 설움

🖤 이영진

시인 수필가 화가
수필 춘추 신인상(수필), 종로 문협 신인상(시)
다솔 문학상(시), 월간 문학 신인상(민조시)
서울 지하철 시공모전 당선(2023)
국제해양환경 국제예술 대전
입선(문인화, 특선(서양화)

그리운 친구 외 2편

하 춘 수

마음을 함께 나눈 소중한 벗
저 하늘로 떠난 지도 두 해가 되었네

그리운 그 얼굴 다시 보고 싶고
정겨운 네 목소리 다시 듣고 싶다

붉은 입술, 화사한 꽃나비
붉은 꽃잎에 날개 달고 올라갔구나

하늘에서 어머니 만나 행복하니
이곳에서는 더는 널 찾을 수 없네

가끔은 바람을 타고
살며시 내려오너라

꿈속에서라도 나를 찾아와 주렴
그때처럼 환한 웃음 함께 나누고 싶다

보고 싶다

먼 바다 붉은 꽃잎 타고
저 멀리 너는 떠나갔구나

빛나던 웃음은 작은 별이 되고
속삭이던 목소린 바람이 되었네

물 위에 붉은 자취 남았건만
두 손 뻗어도 닿을 수 없네

새하얀 날개 반짝이며
언젠가 다시 올 것만 같아

꿈결이라도 살며시 다가와
나를 불러 주면 좋으련만

밝은 얼굴로 기다릴게
환한 미소 지어 찾아오렴

돌꽃

돌꽃 피었네

푸른 이끼 벗 삼아
고요히 빛나네

그 많던 벗님들
찬바람 따라 흩어졌나

여린 분홍빛 흔들리며
외롭게 홀로 서서 기다리네

🪨 하춘수

1969년 경남 하동
LS 계열사인 예스코에서 29년째 안전관리 업무 중
국제사이버대학교 웰빙귀농조경학과에서 농학사,
조경학사, 치유농학사를 공부하며 학업 중
나무 조각과 하모니카 경력 40년
전시회 1회와 연주회 1회.

담쟁이 외 2편

石田 김 경 배

금 간 벽 위에
초록의 숨결이 번진다

도망치지 않고
붙들지도 않고
그저 위로 위로

허상은 그림으로 남고
현실은 뿌리로 번진다
둘은 서로의 결핍을 채우며
한 풍경이 된다

삶도 이와 같다
상처 난 벽
흘러간 시간
그 사이에서 솟아나는
조용한 힘

담쟁이는 말하지 않는다
그러나
그 침묵은 오래 머물러
우리의 내면에
또 하나의 벽을 세운다
그리고 그 벽을 넘어
우리는 길을 배운다

철탑 앞에서

어둠은
모든 색을 삼키지만

빛은
자신의 길을 찾아
끝내 위로 솟는다

철탑은 묻는다
존재란 무엇인가
우리가 서 있는 이 밤은
어디를 향해 흘러가는가

붉음은 생의 열정
푸름은 사유의 바다
녹음은 다시 오를 희망의 징표

나는 그 앞에서 깨닫는다
어둠이 없다면
빛은 드러날 수 없고
고독이 없다면
희망은 태어나지 않는다

철탑의 빛은 말없이 가르친다
삶은 늘
어둠과 빛의 균형 속에서
자신의 의미를 세운다고

여름 마당의 불빛

돌바닥 젖음
불 숨 쉼

초록 붉음
향 남음

흰 모자
부채질
연기 바람 속

생선 바다 기억
나 그 속

페인트 통 위
땀 손바닥 그을음
빛남

빈 의자
손주 기다림
웃음 순간
마당 연회

불 위 생선처럼
시간 존재
연기 속 익음

🔹 石田 김경배

(사) 문학그룹샘문 회원, (사) 샘문학(구, 샘터문학) 회원, (사) 샘문그룹문인협회 회원, (사) 한용운문학 회원, (주) 한국문학 회원, (사) 샘문뉴스 회원, 샘문시선 회원 다솔문학, 매일 시와 함께, 도도문학(문학과 별), 한하운 문학관.

아침, 가을 노래 외 2편

신 갑 식

가끔은
그러고 싶은 날이 있거든

훌쩍
깊은 산속 홀로 들어
숲속에 앉으면
내 영혼도 따라와
내 곁에 앉아줄까

흐르는 계곡물에
얼굴 한 번 들여다보고
때 묻은 내 육신
바위 위에 널어놓고
뭉게구름 새소리 불러 모아
숲속 잔치나 한 번 열어볼까

혹여
지나가는 풀벌레들
기웃거리거든
어서 오라 반겨야지.

사는 법(法)

어쩌다 찾아가는
북한산 밑 큰 산사(山寺)

무생채와 나물 한 가지
대접 밥에 고추장 한 스푼
맹맹이 미역국 한 사발

정자 기둥에 기대어
흔들리는 풍경 소릴 듣노라면
어느새
꾸벅 꾸우벅

한나절
그리하고 돌아오면
마음이 한결 가벼워지지

며칠간은
푸드득 푸드득
수월해지는 날갯짓

인생사

끝날 때까지 끝난 게 아니라고들 말하지

마지막 웃는 자가
승리자라고들 말하지

강한 사람이 이긴 사람이 아니라
이긴 사람이 강한 사람이라고들 말하지

그게
인생사라고
사람들은 말들 하지.

🔹 **신갑식**

시인 · 수필가
문학춘추작가회, 수필문학추천작가회, 한국수필문학회, 팔마문학회, 영호남수필
문학회, 한국수필가협회, 전국공무원문학회, 다솔문학, 인사동시인협회, 한국문
인협회 회원
제1시집『달빛도 부끄러워』, 제2시집『시간 위를 맨발걷기』, 제3시집『길 위에 시
간을 내려놓고』
수필집『쉼표 찍기』

인연 외 2편

은강 김영호

뜨거운 가슴에서 눈물이 흐릅니다
내 가슴이 다시 뛰리라는
생각은 못 했습니다

당신의 초롱한 눈망울을 보는 것
가슴속 앙금을 꺼내 이야기할 수 있는 것
마주 보며 웃을 수 있는 것만으로
이미 내 마음은 청춘입니다

당신의 손짓 하나
당신의 눈짓 하나도
내 가슴은 한없는
사랑의 파도를 탑니다

이제 당신을 내 가슴에 여미고
슬픔이 사라지는 꿈을 꿉니다

별이 꽃처럼 활짝 피면

그리움이 깊어서
숨이 막힐 때가 있다
하늘을 올려다보다가
별 따라
지금 이대로
달려가 볼까
다독다독 마음 다독인다
아린 마음으로 잠들어도
그리워할 이 있어 좋다
별이 꽃처럼 활짝 핀 밤에

그리움

회색빛 구름이
온종일 하늘을 감싸고
임 잃은 내 맘인 양
슬픔을 떨구네

구름아 바람 위에
올라앉아
먼 데 있는
어여쁜 내 님께 소식 좀
전해다오
보고 싶다고

🐚 은강 김영호

다솔문학 회원
다솔문학 동인지 초록물결 다수 참여

갤러리 외 2편

해 랑 금 문 정

해바라기가
너무 슬퍼 보이는 것은
조명 때문일까요

그 쓸쓸함이 슬그머니
엄습(掩襲)해 옴은
또 무슨 이유일까요

계절이 바뀌어 오니
제 스스로
가을을 느끼려 하나 봅니다

동백지조(冬柏志操)

접동백 너 홀로
봄까지 살으려무나

홋동백 홀 사랑 지조 앞에
스스로 꽃 목째 떨구어 버리네

아

동박새 날아가고
한동안 소식도 없는

붉고 시린 동백섬의
동백꽃 슬픈 겨울 사랑 이야기

고산나목(高山裸木)

세상을 내려다보고 선 나목은
무슨 생각을 하고 있을까

겨울 산 정상의 바람은
세차다 못해 칼바람인데
끄떡없이 버티고 선 너의 모습에서
신령(神靈)함을 느낀다

밤이 되면 총총한 별들이
가까워서 좋겠다
말 걸어 보았는가
은하수 흘러가는 모습에
잠깐 눈 깜박였는지도 모르지

희뿌연 여명(黎明)이 잠에서 깨면
나목은 그저 우두커니 서 있을 뿐
그렇게 벗은 몸으로 새벽을 맞이하면
부끄러울 줄 알았는데
알몸 그대로 아침 태양을 맞이한다

동녘의 찬란한 일출 모습에
환희의 함성을 고래고래 내질러도
우리는 그저 모를 뿐이다

다만
솔씨 까먹던 청설모만 깜짝 놀라
후다닥 나무 위로 달아난다

어제 눈이 내렸으니
하얀 파카를 걸쳤다고
메아리에게 기쁨을 전한다

추위에 졸고 있던 메아리는
후드득 나목에서 눈 떨어지는 소리만
잽싸게 산으로 골짜기로 내돌린다

다시금 봄이 되면
연초록 정령(精靈)들이 봄 햇살을 끌어와
나뭇잎 한두 잎 피우게 해 주려나

겨우내 바라보던 산 아래 세상을 향해
오늘도 묵음(默吟)의 웅웅거림만 날리며
물끄러미 내려다보기만 할 뿐이다

● 해랑 금문정

다솔문학동인
나드림미술교사

꽃은 그냥 꽃이다 외 2편

갈 산 정 권 식

깊이를 알 수 없는 인간의 마음
그 속에 무엇이 들어 있는지
겉모습만 보고는 알 수가 없다

그러나 꽃은 보이는 그대로가 꽃이다

이리 봐도 꽃이요
저리 봐도 꽃이다

아무리 살펴봐도 겉 다르고
속 다르지는 않다

꽃은 그 자체가 꽃이다
겉과 속이 똑같은
한 떨기 꽃일 뿐이다

밤비는 내리고

비가 내린다 야심한 밤에
여름이 가는 이별가인가
무지막지하게 비가 내린다

폭염에 지쳤지만 그래도
간다니까 섭섭타
제법 서늘한 기운이 감돈다
가을이 오는 걸까
세월을 느낀다

모두들 잠든 이 밤에
밤비 소리에 놀라 나는 깨어있다
밤비가 노래 가사처럼
내 가슴에 내린다

올가을에는 어떤 그리움이
시인의 가슴을 적실까
가을은 운치 있는 시인의 계절

어디에나 섬은 있다

망망대해에 홀로 던져져
외로움을 밥 먹듯이 살아가는 삶
그 이름을 섬이라 부르더라

섬이라고 해서 바다에만 있는 게 아니더라
가도 가도 끝없이 펼쳐지는 지평선
뭍에도 섬은 있더라

수많은 군중 속에서 나 혼자라는
생각이 들 때면 이미 나는 갈매기
소리도 외로운 섬이 된다

그러나 섬이라 한들 어떠랴
인생은 홀로 가는 긴 여정인 것을.

🔹 갈산 정권식

아호 갈산 이름 정권식
문학저널 시, 수필, 등단
청옥문학 시조 등단, 문예세상 동시 등단
한국문인협회 회원, 한국시조협회 회원, 계간 청옥문학 회원
시인의 정원 동인, 한국예인문학 회원

울엄마 노랑꽃 외 2편

신 봉 교

팔순 지나
애기가 된
울 엄마

활짝 활짝 웃는
달맞이꽃
그 웃음길 따라가며

노랑꽃아
노랑꽃아
이쁜 노랑꽃아

백령성 노랑꽃아

불개미골에서 · 5

자갈밭 바닥에 퍼질러 앉아
이사장 옥수수 딴다

도외지 사는 아내에게서
전화가 왔던 것이다

맨날 그 몸뚱어리겠지
생각하고 일을 더 벌였던 것이

허리 좀 괜찮아졌냐고
묻는 내 말에 그게 쉽게 낫는 거냐며

쓴웃음 감춘다
날망 싸가지 요즘에 얼굴 보냐고

그동안 몰랐던 일들 통하고
그만 일어나려니

내 손 부끄럽게
옥수수 예닐곱 개 쥐여 준다

8월

골목 골목
인삼 백작

인삼꽃 활짝 피고

강한 태양 볕에
하나 둘 익어 갈 때

향긋한 인삼향기 따라
어머니 오신다

어머니 저기 오신다

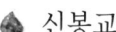 신봉교

계간 시학과시 등단
시학과 시 작가회 회원
다솔문학 회원

다솔문학 14번째 동인지 울림

노숙자의 방 외 2편

相敬 조 태 궁

햇살 따사로움 뒤편
잠시 부는 강바람에
술병들이 쓰러진다

누군가는 휴식을 찾고
낭만적인 공간이건만
누군가는 여기가 집

끼니 해결을 위해 버리고 가는
잔반을 엿보고 기회다 싶음
냉큼 스카프도 모자도

남아있는 소주도
막걸리도 내일을 위해 모은
전리품들과 병풍을 친다

교각이 든든한 벽 다리가 무너지지
않을 지붕
언제나 밤엔 별님과 동무가 된다

함께 가는 길

바람이 나를
밀어내고
내가 바람이 되어
가지 끝에 걸린 너를
기다린다

생을 마감하듯 떨구는
너의 모습 바람이
감아 밀고 간다

외로움 털고 서로 안고
가는 길
뒤돌아봄 없이
갈 수 있는 그 길

피고 지는 것

오늘의 탄생은
지기 위한 예행연습
새롭다는 건 이겨야 할 아픔

아침에 만나는
이슬에서 곧 다가설
헤어짐을 준비하듯

오늘을 보내고
이부자리 펴는 것은
새로이 피우기 위한 여정

◆ 相敬 조태궁

아호 相敬
1집 『따스한 산책』
2집 『구르는 돌』
다솔 동인지 (제13집 공저)
다솔문학 회원

초록 구렁이 외 2편

남 인 순

초록 행진은 거칠 것도
두려움도 없는 듯했다
함께라는 운명으로
맞댄 어깨, 마주 잡은 손
대망 꿈꾸며 같이 간다

달라붙어 한 몸처럼
휘감겨 부리는 교태와
살금살금 조용한 몸놀림은
경계심 무너뜨릴 숨은 병기

넘을 수 없을 것만 같았던
오를 수 없을 것만 같았던
흙담 넘고 옹벽도 넘고
고목마저 타고 올라

승리에 도취된 초록 구렁이
작은 발들의 위대한 함성
골바람에 실려 사그락 사그락
담쟁이 행진곡이 울려 퍼진다

석류

볼 터질 듯한 홍조 띤 얼굴
꽉 들어찬 만원 버스처럼
숨 막히게 갑갑해오고
금방이라도 끓어넘칠 듯
아슬아슬하다

푸르렀던 내 생애 봄날은
되감기 없는 필름
다가올 시간은 떨어진
낙엽을 쓸어 담는 일

손바닥만 해진 마음은
조여 오는 나사같이
빡빡해진다

알알이 가득 품었던 석류
불가마 같은 여름 끝자락
붉은 폭죽을
쏘아 올린다

그것은
익어 간다는 신호가 아닌
견딜 수 없이 밀려오는
울화의 압박에 터져 버리고 만 분노일지도 모른다

석류에게 갱년기가 왔다

다솔문학 14번째 동인지 울림

다슬기

청록빛 몸 누가 볼 새라
나선 모양으로 돌돌 감고
쏙 들어앉아 어찌나 별난지
소갈머리 새파랗게 질렸다

먼지 한 톨 몸에 닿을까
투명하리만치 맑은
깨끗한 물 찾아 몸 담그고
움직임 없는 듯한 미동

참매미 소리 은은하게
한여름을 노래해도
새끼줄 마냥 배배꼬여
집 안에 콕 숨어있는 다슬기

이제 보니 나였다

🪨 남인순

2021년 대구 등산아카데미 동인지 산사람 참여
2025년 5월 열린동해문학 그리운 고향 외 4편 신인문학상 수상 등단
2025년 6월 시와늪 문인협회 호국보훈의 달 기념詩 낙동강은 아직 운다 우수작
　　　　선정
시와늪 문인협회 정회원, 시와 늪 문학관 정회원
마을도서관 햇빛따라 정회원

홍시(紅詩) 외 2편

이 성 두

내 아무리

세상이 텁텁하다 해도
뿌우연 막걸리 한 잔쯤이면
슬픔도 기쁨도 투명하니 익고 익어
홍시(紅詩)라도 될까만

배불뚝이 달빛 아래
한 잔 따르는 노시인이면
아, 고고(孤顧)할지 청청(淸靑)할지

나 혼자 그려보니

뿌우연 막걸리 한 잔에
슬픔인들 기쁨인들
발갛게 익고 익어

달빛에
홍시(洪詩) 한 잔
따라 마셔도 좋겠네

빗장

선한 눈빛이라도 만나면
차 한 잔 놓고
서로의 기억에 머무른
푸른 세상을 보자

어쩌다
스치는 인연일지라도
불쑥 붙잡고
영화 같은 이야기에
스며들어도 좋잖아

어지간한 인생, 수줍음도 거추장스러워

더불어 그림 한번 그려도 좋고
도란거리는 소리도
손바닥 마주치는 소리도
정겹지 아니한가

괜스레 홍게 껍질 같은 마음
거기 빗장을 풀고
서로, 들여도 좋아라

꽃이여

길 잃은 어둠과 철없는 바람은
저마다 제 길만 걷고

별빛에 취한 나는
나지막한 신음처럼
부르고 불렀지

어둠이 스친 자리마다
내 여물지 못한 마음은
바람 아래 쓰러져, 기어이
그리움으로 피거나, 꽃으로 피거나

미로에 갇힌 것만 같은 연정
아, 고독한 연정이여
어이 그토록 스며스며
가슴속 안개로 번지니

날이라도 깊어
내 작은 염원이 빛으로 되어
그대에게 차마 닿기를
오늘도 하염없이
눈길을 보내네

♠ 이성두

현대시선 문학상
현대문예 우수작가상
민들레문학상, 코벤트가든 문학상 외
시집:『바람의 눈빛으로』외 3권
동인지:『붉은 고백』외 다수

풀 꽃을 담다 외 2편

東賢 배 동 현

한 시절
잠가놓은
나의 심장 속에
그대는,
작은 풀꽃으로
피었습니다.

누구를 위하여 종을 울리나

처마 끝
매달린 삶

퍽퍽한 인생,

슬픈 풍경소리.

줄탁 동시

고단한
외줄인생

삶의 노래 속,

대답 없는 관객.

🍀 東賢 배동현

다솔문학 회원
다솔문학 동인지 초록물결 다수 참여

가을의 숨결 외 2편

김 상 경

하늘이 깊어질수록
마음도 조금은 투명해진다

바람은 금빛으로 물든 나뭇잎을
살며시 흔들고
낙엽은 천천히 아주 천천히
땅으로 스며든다

햇살마저 고요하게 내려앉는 오후
그 속에서 나는
지난 계절의 목소리를 듣는다

그리움은 한 줄기 냄새가 되어
바람결에 스며들고
기억은 붉게 물든 풍경 속에서
아직도 나를 부른다

가을은 늘 그렇다
조용히 그러나 선명하게
마음 한편을 흔들어 놓는다

청춘의 길목에서

바람은 늘 앞질러 달리고
햇살은 서쪽으로만 기울었다

우리는 알지 못했다
손끝에 닿는 순간마다
계절이 흘러내리고 있었다는 것을

웃음으로 지새운 새벽
불타는 듯 붉었던 저녁
그 한순간의 눈부심이
이토록 짧을 줄은

청춘은 길다고 믿었지만
돌아보니
그건 한 줌의 불꽃이었다.

이제 남은 건
조용히 식어가는 재속에서
그때의 온기를
조심스레 꺼내어 쥐는 일

그래도 괜찮다
짧았기에 더욱 찬란했으니

다솔문학 14번째 동인지 울림

아직은

해는 여전히 뜨고
바람은 내 이름을 부른다

주름진 손바닥에도
새싹은 놓일 수 있고

남은 날들이 얼마이든
오늘은 충분히 빛난다

그러니 나는 말한다
아직은 살아볼 만하다.

 김상경

다솔문학 회원
다솔문학 동인지 등

가을엔 한편의 글을 써보세요 외 2편

자올 정용완

가을은 흩어진 낙엽을 밟는 계절
귀뚜라미 슬피 우는 가을 저녁에
별빛은 고요히 잠이 들고
달빛마저 그대 곁에 머물고 있네

세상은 아름답고 높고 푸르른데
들녘엔 들꽃의 향기에 젖어
들판에 곡식이 익어 갈 때에
사랑도 결실을 맺어 스쳐가네

아름다운 강산을 계절로 감싸고 안은 채
그대여 청명하고 넓은 들판을 바라보며
희망과 사랑으로 그대 품에 안겨서
별과 달이 속삭일 때 잠들고 싶네

가을의 동화

낙엽이 떨어지는 가을 문턱
슬그머니 바람이 불어
가는 길을 멈추게 하고
구름도 젖어만 가네

푸른 들판에 화려한 변신으로
오가는 사람을 애태우게 하고
갈대숲에 지저귀는 산새도
물결에 너의 모습 비출 때에

화려하지도 않고 소박한 마음으로
떠나는 가을의 여행길에
만나는 자연의 벗이 속삭이는
가을의 문턱에서 임의 향기에 젖어

그대여 인생은 즐겁게 살아야 하며
인생은 함께 어울려 가듯이
세상에서 아름다운 것을 보며
그대들이 접하지 않는 마음으로 꿈을 꾸네

가을의 속삭임

들판에 들꽃이 순박함에 젖어
가는 길마다 반갑게도 맞아
높고 푸른 하늘의 구름도
바람 따라 흩어져 가는 느낌에

바람아 불어다오 내 가슴에 적시게
바람도 젖어가는 들판에 춤을 추는
갈대와 억새 숲에서 지저귀며 대화하듯
인생도 즐기면서 살아가련다

푸른 숲속에서 휴식을 취하며 감정도
살아있는 대자연의 희망에서
가슴을 활짝 펴고 희망을
가슴을 활짝 펴고 사랑을

🍂 자올 정용완

다솔문학 회원, (사)제너럴 편집국장,(사)제너럴신문사 기자단장, (사)한국 음악
저작권협회 회원
남원 언론협회 회원, 나눔을 사랑하는 모임 자문위원, (사)대한적십자 봉사회 남
원시협의회 홍보부장, (사)대한적십자 봉사회 남원시협의회 참사랑 봉사회 회원

낙엽 소리 외 2편

無着 김 규 봉

낙엽 떨어지는 소리
낙엽 뒹구는 소리
낙엽 청소하는 소리

온통 낙엽 소리다

낙엽 소리에 가을은
깊어만 가고
경치 좋은 산과 들
추억 담기에 바쁘다

하지만
그 흔한 낙엽 소리 한번
제대로 음미하지 못하고
삶에 지친 사람들도 많다

이 풍요로운 가을 하늘 아래
너 나 할 것 없이
낙엽 소리 마음껏 음미하며
넉넉하고 행복한 저녁 밥상 맞이하면 좋겠다

바로 그 마음

허공의 새를 잡으려
그물질하니
잡히질 않는구나

도도히 흐르는 저 강물에
물고기 낚으려 하나
물고기 날 비웃는구나

그동안 난
뭘 잡으려고만 애써 왔다

그 모든 것
다 내 마음 작용이란 것을
왜 몰랐던가

온갖 분별심과 집착 없이
있는 그대로 보는 그 마음이
바로 천국 극락인데

허튼 소리

눈에 보인다 해서
실체로 존재하는 것 아니고

눈에 보이지 않는다 해서
아주 없는 것 또한 아니다

진리란 눈에 보이고 보이지 않는 저편 너머에 있을 진데

우린 보이고 보이지 않는 양극단에 치우쳐
진리의 참모습을 보지 못한다

따라서 양극단에 치우친 사고에서 벗어나 중용적 삶을 살 때
진리의 참모습 볼 수 있지 않을까

🐚 無着 김규봉

다솔문학 회원

가을아 놀자 외 2편

태연 김영숙

가을이 더워서 집에 간다
가을아 더 놀자

꼬리 흔들며 멀어지는
가을이를 보며
한 아이가 말합니다

아
가을이가 여름이었으면
더 놀 수 있었을까?

시로 채워라

꼬여버린 생각 풀어 보려고
바다와 마주 앉았다

미역처럼 뻗어 나온 푸념들
냉큼 받아먹더니

쏴아

염장 된 시어 꾸러미 해감 시켜
보글보글 끓여 보란다

꼭 해야 하는 말

엄마도
못하는 말이 있단다

해야지 하면서도 목에 딱 걸려 버리는 말

할아버지를 하늘나라 보내고
유리창에 수없이 썼던 말

빗물과 함께 흘러내리던 말
사랑한다는 말

🌰 태연 김영숙

2015 문학에스프리 동시 당선
2015 광주문협 전국백일장 운문부 최우수상
2020 문학시선 제1회 디카시 우수상
2020 동시마중 올해의 동시 선정
2020 동서문학상 동시부문 입상
2020 문학시선 수필 신인상
2021 시학과 시 가을호 시부문 신인상
2023 또바기문학회 시화전 참여
2024 한국예술인 복지재단 예술인 작가
2024 동시집 :『세상에서 가장 긴 편지』출간

억새 바람 외 2편

김 옥 자

바람을 안고 가는 억새
흰머리 흰 수염
세월이 지나간다

가을날에 너의 청춘 어디 두고
염색도 아니 하고 어떻게
바람 따라 가려느냐

바람이 부는 곳에 억새꽃 춤추고
사나운 바람 따라가지 말고
이 늙은이와 함께 가시게나

백일홍 추억

고향 가서 업고 온 추석
안동 문화 관광단지

달이 뜨면 교각 위 정자
월영교 원이 엄마 울고 있네
알록달록 백일 동안 피고 지는
백일홍 꽃단지 추억 하나를 건져왔다

남편과 인연 되어 함께한 세월
백년해로 언약식 생각하며
백일홍 사랑에 폭 빠져본다

부모님 산소 가는 성묘길
가족 사랑이 피어나고
백일홍 보러 온 관광객들
추억을 안고 간다.

허기진 배

삼베 짜던 우리 엄마
길쌈 삼아 베틀에 오르내릴 때
허기진 배 움켜쥐고
물 한 사발 들이켜네

그 시절엔 먹을 게 귀했다
자식들 배 채우랴
엄마 배는 채우지 못하고
그렇게 살았나 보다

지금 같으면 진수성찬
한상 차려 드릴 텐데
보고 싶은 엄마
별이 된 우리 엄마
괜찮다고 웃고 있네

🔹 김옥자

청옥문학 시 부분등단
2023 신인 문학수상
청옥문학 회원, 영축문학 회원, 다솔문학 회원
공저 초록물결 8 -14집
캘리그라피 시화 참여

또 한 장의 추억을 새기면서 외 2편

해윤 이화금

출렁이는 푸른 바다색을 깔고
석양으로 붉게 물든 해를 덧칠해
늘어선 다리 위에 희끗희끗한
반백의 얼굴들을 나열해 본다

저마다의 생각으로 입혀진
뒷모습들이
은빛 노을에 드리워져 반짝인다

청바지 청치마 입고 만나
방방 뛰던 빛바랜 추억의
사진을 옆에 끼고
강산의 폭주를 막으러
고래 잡으러 떠나온 동무들

주름은 늘어가도
우리들의 이파리는
여전히 푸르고 풍요롭다

갱년기

돌이킬 수 없는
여자의 멍에

생의 조절 나사가
다 풀린 듯
맑았다 흐렸다
종일 제 맘대로
흔들어댄다

잠깐 맑았다가
먹구름이 몰려오고

먹구름 속을 헤매다 보면
또 잠깐
햇볕이 찾아든다

여자란 이름으로 겪어야 하는
세월의 뭇매
참으로 매섭다

초밥에게

모락모락 김서린 흰쌀밥 위
살포시 포개진 너는
어느 바다에서 왔니
장인의 손길로
빚어진 자태는 바라만 봐도
먹음직하구나

빙글빙글 돌아가는
접시 위에서 유혹하니
요동치는 뱃속
낯선 곳에서의 한 끼
분주히 움직이는 손놀림들
여행의 묘미구나

하늘길의 고단함을
너로 달래본다

♠ 이화금

한국문인협회 회원
다솔문학 회원
공저: 초록물결 섬새들의 노래 외 다수

흔들려 보는 거야 외 2편

滿月 김 경 태

바람이 불면
부는 대로 몸을 맡겨
한잔 술에 어리는 그리움도
격해지는 감정도
숨길 필요는 없어
가끔씩은 흔들려 보는 거야

일부러 이 악물고
맞서려 하지 말고
그냥 흔들리는 거야
음악에 취해 술에 취해
조명 빛 아래
흔들리는 저 인생들처럼

아직은
포기할 수 없는 인생이기에
부러지거나 포기하지 않으면
언제든 새로이
출발할 수 있는 삶이기에
지금
이 순간만은 흔들려 보는 거야

비

너와 나 앉았던
그 벤치가
우리의 흔적을 지우듯
어제 내린 비에
촉촉이 젖어 있다

먼지 걷힌 하늘은
옥빛으로 푸르고
흰 구름 노니는 저편에
무지개 떠있는데
붉게 물든 이파리 하나
바람에 흐른다

너와 나의 흔적 없는
저 벤치엔
또 다른 누군가가
사랑 애길 엮겠지

지금 나마저 가고 나면
여긴 바람만이 휑하니 남겠지

내 맘에 장미

영롱한 이슬 반짝이는
피보다 더 붉은 장미야
그 교태로운 사랑을
보듬을 수 없어
그저 이렇게 바라만 본다

정열의 붉은 향기여
그 뜨거운 입맞춤에
붉게 취한 나는
이제 커피 맛을 잊었노라

햇살 좋고 실바람 좋은
어느 여름날 문득
늙은 청춘에 장미꽃이 피었다

🍂 滿月 김경태

아호 : 滿月
2025년 청옥문학 가을호 시 부문 등단

다솔연가 외 2편

덕해 임 하 영

솔바람 사이로 너를 처음 만났지
말없이 스며드는 햇살처럼
잔잔한 웃음 하나 따스한 눈빛 하나가
내 마음속 깊은 숲에 길을 냈어

마주 앉은 찻잔 위로
세월은 소리 없이 흘렀고
서툰 말 사이에서도 우리는
서로의 안부가 되었지

너와 나 사이에 핀 우정의 꽃
그 향기는 계절을 넘어
사랑이란 이름으로 번져갔어
함께 걷는 길 위엔 언제나 봄

이 만남이 이 인연이
그저 스쳐 지나가는 바람이 아니기를
우리의 이야기 다솔의 숲처럼
오래도록 푸르기를 바란다

너를 닮은 상사화

잎이 지고 나서야
꽃이 핀다지

서로를 향해 자랐으나
끝내 만나지 못한
너와 나처럼

나는 늘 네 곁에 있었지만
너는 언제나 멀었다
바람결에 웃던 너의 옆모습만
수없이 되뇌던 계절들

말하지 못한 사랑은
더 깊이 더 조용히
마음 안쪽에서 피어나
상사화처럼 붉게 번졌다

누구도 몰랐다
그 꽃이 지고 나서야
그곳에 사랑이 있었음을

다솔문학 14번째 동인지 *울림*

오솔길 위에 웃음

노송 사이로 스미는 바람
그 바람 따라 걷던 오솔길 위에
옛 친구의 웃음이 들립니다

햇살은 그날처럼 부드럽고
발밑에 쌓인 추억은
마치 낙엽처럼 바스락거립니다

그리움은 말없이 피어나는 들꽃 같아
한 송이씩 마음에 피어나면
나는 또 그 길을 걷습니다

이 길 끝 어딘가
그 친구도 나처럼
그날을 기억하고 있을까요

🔺 덕해 임하영

충남 장항출생 공학박사. (전)우송정보대학교 교수
(현)문예마을 대표. 대전문협 시부문 신인문학상, 현대시선 시담문학대상. 시의
전당문인협회 작가상, 신정문학상. 끌림문학상. UN NGO 문학상, 윤동주별문학
상. 헤밍웨이문학상
민촌백일장 입상. 통일문예대전 입상, 대한민국 교육공헌대상 수상 外 다수
(시집)1.『내 안에 그리운 그대』, 2.『가슴에 담은 별』, 3.『겨울 이야기』
(시조집):『봄 이야기』

어린이 외 2편

오 성 수

왁자지껄 시끄러워도 좋다
너희들은 꿈 사랑이다

와장창 유리창도
잘못해서 장독대도
용서가 되는 너희들
공부보다 튼튼해라
씩씩하고 얌전해라

교실도 운동장도
모두 니들 꺼
모두 가져라
놀다 공부도 해줘
숙제는 해야제

꿈 품었으니
어린 시절을
멋지게 보내줘
꽃 피어나게
어린이들아

소년

네가 누구냐
넌 말썽쟁이여도 좋다

공부보다 놀기
놀기보다 게임
그래도 이뻐
오늘 더 많이 놀아라

하루씩 줄어드는
고운 날은 간단다

미운 일곱 살
철든 여덟 살
열 살 가기 전에
마음에다 꿈 포개라

머리 무거워질 때
거기로 가는 길이
오늘이란다

말썽도 피워보고
게임에 빠져보고

소년아 지금 아니면
할 수 없으니
빠져라 고운 날에
믿음직 든든해져라

소녀의 꿈

봄날에 핀 꽃
넌 향기이다
소곤소곤 동무랑
꿈 나눠먹기
고와져라

하얀 나비가 날고
바람이 고운 날에는
네 마음속 깊이에
감춰두라 사랑을

미운 날도
예쁘게 색칠하고
고와져라 주문
공책에 적어놓고
곱게 웃어봐

소녀의 마음에는
봄비
봄날의 꽃
예쁘게 피어나고
예쁜 미소만 고와라

하루씩 맘에 담아두면
사랑 행복 채움이니
소녀야 꿈만 꾸어라

♠ 오성수

한국문인협회
전남문인협회
다솔문학
전남시인협회
진도문인협회

아, 세월아 외 2편

이 선 진

옛날에 울 아버지
슈퍼맨이셨다
울 엄마는 원더우먼

지게 바작에
나뭇짐을 지고도
동네 산등성이를
날아다니셨다는 아버지

모내기 한창때
함지박을 머리에 이고
장정 열 사람 점심을
날랐다는 엄마

어느 봄날
엄마를 찾아 밭에 갔다가
밭 관리기를 가지고
씨름하는 두 분을 보았다

맘대로 되지 않는 상황을
아버지는 엄마한테
화를 내고 계셨고
엄마는 안 되는 걸 어쩌냐고
발만 동동 구르고 계셨다

그때 알았다
이제 아버지도
엄마도
예전 같지 않다는 걸

눈물이 핑 돌며
순간 나는
내가 슈퍼맨이 되고
원더우먼이 되고 싶었다

아직은 괜찮다고
아직은 끄떡없다고
괜찮다고 하시는
부모님께 나는
아빠 최고
엄마 짱이라며
엄지 척

낮 달

기다림을 품은
설렘으로
긴 밤을 견디고
아침을 맞이했나

아침햇살 눈부신
서쪽 하늘가에
차마 돌아서지 못하고
서성이는 달빛 그림자

기다림에 지친
안타까운
그 모습이
아침 햇살에
아스라이 멀어져
사라져 간다

해님 한 번 보려고
까치발 들고
서성이던
아침 하늘가에 걸린
애처로운 낮달

마주할 수 없는
서러움에 지쳐
스러지는 아픔도
견뎌내는 낮달

여름밤

어둠이
새벽을 향해 달리는
깊은 밤
벽을 끌어안고 누웠다

창밖으로 보이는 하늘
별도 있고
달도 있고
바람도 있네

당황스레
가슴에 스며드는 그리움

먼 기억 속
밤하늘 별을 세던
아련한 사랑 노래

그리움으로 얼룩진
아픈 기억을 더듬는다

뒤척이는 마음은
다시
벽을 끌어안고
자장가를 부른다

 이선진

금산 금강문학회원
다솔문학 회원

홀쭉한 배가 드러난 호수 외 2편

南江 여 승 익

할머니 주름진 뱃가죽처럼
바닥이 드러난 호수는
곳곳이 갈라져
바둑판 금을 그어놓고 있다

다가올 가을
메마른 호수에 단비를 쏟아내
목마른 농부네
마음을 시원스레 뚫어 주리라 믿어본다

입추를 지나고
처서도 소리 없이 넘기며
곧 맞이할 백로
넘실거리는 둑 너머 물이 넘치길 바래본다

담 너머 왔던
능소화도 이미 떨궈서
마음을 기댈 지팡이마저 없는 때
농부 마음은 오로지 비나이다 비나이다

배려

집 앞 모퉁이에
작은 종지가 놓여 있고
음식 찌꺼기가 몇 군데 흩어져 있다

가끔 지나가는 개나 고양이
누군가 내어놓은 음식물을 먹고
그 옆에 조금 큰 종지에 혓바닥을 날름거리고 있다

주차장이나 다른 구석은
깨끗하게 정돈되어 있는데
유독 한 모퉁이만 음식물이 보인다

지저분해 보인다고 타박할 수도 있지만
버려진 동물들에게 먹이를 주는 분을 생각하면
그런 마음이 식을 것이다

살아가는 곳곳에 조그마한 마음을 내면
곳곳에 숨어 있는 행복이
배려 속에 꽃을 피운다

광복 80주년

순백이 품은 뜻은
순박함에서 시작하나 그것이 절정에 이르면
강철보다 단단한 뜻을 안고 있는 열정이 도드라진다
일제강점기 한국전쟁을 거친
보잘것없는 땅덩어리와 거기 사는
어설픈 이들에게 누구도 주목하지 않으며 시간이 흘렀다
지구촌 무수한 나라가 있지만
어느 나라도 가보지 못한 길을 꿋꿋하게 걷고 있다

남 밑에서 짓밟힌 한 시절과
서로 총구를 겨누고 상잔의 시간을 보낸 이들이
일궈낸 모습에서 그저 감탄과 부러운 시선을 남긴다
감탄한 그들이 생각한 선을 넘어
새로운 길을 만들어 가는 이들에게
이곳저곳에서 딴지를 걸고 나눠진 민족
하나 됨을 해코지 하고 있다
끊어진 삼팔선이 이어지는 날
다시 한번 지구촌은 빛나는 앞날이 열리는 시간이
새롭게 다가올 복된 시간을 마주할 것이니
주변국들은 머뭇거릴 뿐이다

끊임없이 단련하는 우리들 앞길은
밝은 앞날을 여는 자물쇠를 갖게 되는 힘찬
시간을 스스로가 만들어 내는 힘을 갖춰가고 있다

🍀 南江 여승익

다솔문학 회원
국제 PEN 한국본부 회원
국제 PEN 한국본부 부산지역위원회 이사
울산불교문인협회 이사
국립부산기계공고 곰솔문학회 회원

다솔문학 14번째 동인지 울림

낙 화 외 2편

청 린 남 종 철

간밤에 들렸던 바람 소리는
꽃잎의 울음인가요

간밤에 내렸던 빗물은
꽃잎의 눈물인가요

한 며칠 활짝 웃더니
한 며칠 그리 곱더니
고작 하늘 바람 못 이겨
꽃눈 되어 떠나십니다

그대는 봄마다 약속이나 한 듯
화사한 모습으로 또 오시겠지만

나는 언젠가는
그대를 못 볼 듯합니다.

낙낙골 가는 길

두려움 억누르고 왔던 길
돌아가는 길 무거워
발이 옮겨지지 않아요

읍내 갈 때 입을 거라 아끼던
미색 치마저고리가
그새 더 가늘어진 허리를 감고 남아
짙푸른 논두렁에 처연히 나풀거려요

흰 눈이 내린 듯
아카시아 온산을 뒤덮던 칠십사 년 유월
뜸부기 소리가 유난히도 크게 들렸던 그날

질퍽한 논길에
무거운 발소리만 있었습니다.

고백

팔월의 햇살이
백옥 뺨에 부서지던 날
가슴이 뛰었습니다

산사의 가락이
심장을 파고들던 날
마음을 빼앗겼습니다

가을 익어 낙엽 지고
찬바람에 눈 내리고

영문 모를
인고의 세월 지나
함께 걷는 꽃길

당신은 남아있는
영혼마저 가져가십니다

시크한 맵시
천진한 미소
살짝 투박한 남도 풍에
사로잡힌 나는

당신의 숨결을
먹고사는 포로입니다.

♠ 청린 남종철

1964. 11 경기 양주 출생
2024. 10 대한문인협회/
대한문학세계 시 부분
신인문학상 수상

사랑하는 어머니 외 2편

아침햇살 박영애

어머니
많이 보고 싶습니다
철부지 딸 이제야 철이 든 것 같습니다

여태껏 저 혼자만 힘든 줄 알았습니다

이제야 어머니의 심정을 읽었습니다
거울을 보니 어머니 얼굴이 보입니다

철부지 딸인 제가 자식들 입속에 맛난 것
넣어 주려고 하는 모습이
어머니의 모습이었습니다
철부지 딸
이제는 남편과 자식들과 알콩달콩 행복하게
잘 살고 있습니다
제 걱정 마시고
저 높은 곳에서 아버지랑 행복 누리십시오

내려놓은 손

움켜쥐려고만 했어요
욕심스럽게 품으려고만 했어요

내려놓으니 마음이 평온해졌어요
밝고 고운 햇살이 나에게 미소 지으며
방긋방긋 인사해요

작은 욕심 내려놓으니 온 세상이
행복해 보여요
오늘도 내일도
행복으로 가요

다솔문학 14번째 동인지 울림

산책

아침부터
왕숙대교를 가로지르는 산책을 하기로 했다

쌩쌩 달리는 자동차 소리도 정겨운 아침
양쪽 다리는 핑크빛 꽃 잔치다
시원한 바람에 바람개비도
뱅뱅 잘 돌아간다

신선 놀이하는 청춘 남녀들이
이야기 꽃 피워내며
하하 호호

한낮 땡볕에도 시원한 바람 솔솔
자유롭고 즐거운 시간

🌸 아침햇살 박영애

다솔문학 회원
다솔문학 동인지 초록물결 참여 다수
현대문학사조 신인상 수상

잠 못 드는 밤에(답가) 외 2편

김 우 산

그대가 써 내려간
그리움의 잔물결 위에
내 마음 조용히 눕혀 봅니다

말로 다 하지 못한
그 밤의 떨림과 신열이
문틈 사이로 스며 나와
내 눈가에도 머뭅니다

졸작이라 말했지만
그대의 시는 별빛 같아
내 허전한 밤하늘에
소리 없이 스며듭니다

나 또한 이름 없는 그리움에 젖어
조용히 시 한 줄 그어 봅니다
그대의 마음 어루만지듯이

네잎클로버(행운)

숨쉬기조차 힘든
버거운 날씨
너와 걷던 길가
푸르른 풀밭

수천 개의 세 잎 사이
말없이 숨어 있는
작은 행운 하나

누구는 우연이라 하고
누구는 운명이라 하지만
너를 만나기 위한 기다림은
이미 오래전부터 시작되었나 봐

첫 잎은 희망
둘째는 믿음
셋째는 사랑
그리고 마지막
나를 바라보고
웃고 있는 너는 행운이지

찾으려 하면 보이지 않고
지루할 때쯤 다가오는
네잎클로버처럼
너의 하루도
뜻밖의 행운이 찾아오길.

안부

무더운 여름날
푸른 잎이 무성한 포플러 가로수 길 사이로
까치 한 마리 반가운 소식을 전하고
참새들이 재잘재잘 인사하는
싱그러운 아침입니다

여름이 주는 더위 속에서도
문득 당신의 안부가 먼저 떠오릅니다
지친 마음 사이로
시원한 바람 불어오기를 바래봅니다

멀리서 들려오는 매미 울음소리조차
오늘은 그대의 노래처럼 들려옵니다
그 속에서도 잊지 않고
사랑과 따뜻함을 나눠주시는 당신께
감사의 마음을 전합니다

무더위 속에서도
당신의 하루가 밝고 평안하기를 바랍니다
이 여름의 한가운데서도
행복은 언제나 당신 곁에 머물기를

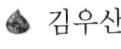 김우산
다솔문학 회원

솟대 외 2편

이 용 성

기다란 나무 끝자락에 앉아
깃털 하나 없는 알몸뚱이로
오지 않는 그리운 님 기다리 듯
언제나 그 자리에

비가 오면 비를 맞으며
눈이 오면 눈을 맞으며
누가 불러 주지 않더라도
언제나 그 자리에

저 하늘로 날아가는 새처럼
저 하늘로 날아가고 싶은데
날개 없는 새는 날아갈 수 없어
언제나 그 자리에

오롯이 외발로 서서
망부석처럼 한곳만 바라보는
나는
누군가의 그리움이 박제된 한 마리 새랍니다

백조

아내와 한적한 시골 도로를 드라이브하다
논두렁에 앉은 하이얀 새의 무리들을 보았다

아내에게 무슨 새냐고 물었더니
백조라고 거침없이 대답한다
다시금 되물어도 대답은 백조다

이 세상에서 제일 비싼 새가 되어
삶을 우아하게 살고 싶은 아내의 마음인가

차마 백로라고 이야기하지 못하고
당신 닮은 백조라고 맞장구쳤더니
차 안이 웃음소리로 요란하더라

희망

나는
지구에서 수십억 사람 중에
먼지처럼 보이지 않는 작은 존재일 수 있으나

지구 밖
수백억 광년 거리에서
헤아릴 수 없는 작은 별들이
칠흑 같은 어둠에서 반짝반짝 빛나 듯

나도
누군가에게 빛나는 별이 될 수 있다

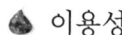 이용성

한국문인협회. 이천문인협회.
다솔문학 회원
저서 : 『해보는 수밖에 길은 없다』 외

울림 외 2편

오 세 주

적막한 새벽
한 방울 빗소리가
창가에 번져간다

그 작은 떨림이
내 마음 깊은 곳까지 스며
조용한 파문을 일으킨다

울림은
소리만이 아니다
한 마디 따뜻한 말
스치는 눈빛
손끝의 온기에도
세상은 흔들린다

삶이란
서로의 가슴에 남기는
끝없는 울림의 연속이다

마음의 합창

하나의 음성은
작은 새의 울림 같고

또 하나의 음성은
바람에 흔들리는 갈대 같다

서로 다른 목소리가 모여
가을 들녘에 번져 가면
그것은 더 이상
낱낱의 외로움이 아니라
하나의 노래가 시가 되어
하나의 빛이 된다

마음의 합창은
눈물 속에서 피어나는 희망
고요 속에 스미는 따뜻한 손길

오늘 우리가 모여
시를 부르는 까닭은
세상의 어둠마저
빛으로 감싸안기 위함이다

결실

한 알의 씨앗이
봄을 지나
여름을 견디고

가을 햇살 속에서
고개 숙인 곡식이 되었다

결실은
기다림의 다른 이름
삶이 건네는
조용한 축복이다

🔹 오세주

시인, 아동문학가
월간 한맥, 시사문단 시,동시 등단(2010)
한국문인협회 회원
이천문인협회 수석부회장
시집『아내가 웃고 있다』, 에세이『독서는 인생이다』
기획출판『어진이의 시간여행』,『책속에 사자가 있어요』,
『꿈을 키우는 재원이의 독서일기』 등

빛 결 외 2편

임 희 선

햇살이 고요히 내려
잠든 마음 위에 잔잔히 머물고
숨결처럼 사뿐히 번져 나가

바람은 먼 길을 지나
가슴에 떨림을 남기며
투명한 향기를 흘려보내

천천히 흘러가는 구름은
어제의 그늘을 걷어내며
빛나는 길을 조심스레 열어

사랑의 온기를 담은 빛이
내일을 향해 살며시 내려
마음을 따스히 감싸안는다

숨의 자리

손끝을 스치는 결 따라
바람은 눈부신 빈칸을 열고
그 틈으로 흘러드는
아득한 숨결의 무늬

말하지 않아도 번지는 향기
가만히 나를 감싸안고
부르는 이름 없는 사랑
조용히 마음에 머물러

숨결 사이로 스며든 기억
빛에 물든 시간 속에서
조용히 깃드는 온기
나를 붙드는 너의 흔적

바람길

구름은 말없이
머리 위를 천천히 감싸고

빛은 먼 곳에서
살며시 등을 감싸 줍니다

비 향기 따라
마음 깊은 곳이 젖어들고

보이지 않는 손길이
언제나 조용히 스쳐갑니다

🕳 **임희선**

서정문학 시부문문 신인상수상
문학고을 수필부문신인상수상
경기신인문학상 수필부문수상
서정문학 동시부문신인상수상
서정문학상대상 수상
서정문학운영위원 한국문인협회회원
저서 : 『너는 담쟁이처럼』
다솔문학 초록물결 1~13집 공저 외 다수

꿈이었으면 외 2편

이 계 창

하얀 국화꽃과 빨간 장미꽃 위
연분홍 비단옷을 입은 선녀가
꽃잠을 자고 있다

그녀는 사과를 가져다줄
왕자를 찾아가는 길이라고 했다

마법사의 부드러운 손길이 사각의 집을 깁는
사이사이
눈물의 독경 소리가 검은 침묵을 깨운다

불의 강을 건너 아홉 번의 수수께끼를 풀면
소원이 이루어진다고 했다

파란 하늘에 시스티나 성당 굴뚝 연기처럼
하얀 나비 떼가 날아간다

내 심장에 사랑이라는 나무 한 그루
심어 놓고

돌아올 수 없는 다리를 건너가신
어머님

목어

봄비 내리는 날
추녀 끝을 끌어안고 마른 목어가 울고 있다

목탁 소리에
댓돌 위로
툭,
떨구는 낙숫물 소리

눈물은 겹겹이 쌓인 어둠을 닦아내고
세상의 문 열고 푸른 들녘 지나 대지를 적신다
강물은 소리 죽여 길을 트고
목어의 기억이 반짝거리는 바다로 간다

툭,
단파(短波)의 소리
빛의 여운을 쓰다듬어 하늘에 색을 덧입힌다
구름이 널뛰며 수많은 상처를 남길지라도
경전의 언어를 만들어 가는
작은 물방울

목어는 눈을 감지 않는다
세상을 깨우고 가는 죽비소리처럼
수행자의 마음을 닦아준다

법주사 대웅전 추녀 아래
목어 한 마리 살고 있다

뜨거운 이름

이름은 소리와의 약속이었지

동굴 속 물방울의 울림소리 같은 이름 석 자
탯줄을 끊고 삶과 또 하나의 삶을 이어
주춧돌 위에 척추를 뽑아 집을 짓는 일이었지

이름을 불러준다는 것도 얼굴값이라서
거울을 바라보듯 잘 닦아주고
태양처럼 뜨겁게 안아주어야 한다고 배웠다
과거에도 그랬듯이 미래에도 아첨하지 않겠다고
내 이름 앞에 고백할 수 있게 키워야 했다

조각난 나를 하나씩 주워 퍼즐을 맞추느라
꾹꾹 눌러 용수철 같은 파문을 잠재우고
도시의 건물 틈바구니에서 뒷굽 무너진 구두처럼
빗나간 사선으로 하루를 살아가는 이름들
내가 나를 찾는 술래였던 시간을 모두 돌려놓고도
나를 찾을 수 없을 땐 동굴 속으로 다시 들어가 보자
소리는 자라서 천 년의 기둥 하나가 될 때까지
쉬지 않고 울고 있다는 것을 나는 본다

삶이란,

기억 위로 세월이 덮이듯

하늘을 품을 수 있는 이름 하나 조각해 놓고

가는 것이다

🔹 이계창

시인 시낭송가
한국문학시대 다솔문학 촌티문학회
공감문학회 시삶문학회 대덕문학 회원
시집「꽃도 눈물을 흘릴 때가 있다」
노근리인권평화전국백일장 장원

비움 외 2편

하람 김숙자

묵은 살림을 정리하다 보니
손때 묻은 물건에 눈이 간다
함께 살아오면서 정이 든 살림살이
이제는 과감하게 버릴 때다

버리지 못해 속앓이 하며
상처받았던 세월이 얼마였던가
버리지 못한 욕심이 서로를
힘들게 했었던 것인데

이제는 사람 정리, 생각정리, 마음 정리
해야 하는 나이가 되었다

꽃으로라도 피우지

삶에 지쳐
시들어가는 나를 보고
누가 그랬다
꽃을 피워보기도 전에 시든다고
안타까이 쳐다보았다
삶이 그랬다
들에 핀 꽃만 꽃인 줄 알고 살았다
내가 꽃으로 피울 생각은
한 번도 못한 채 살다 보니
이제는 꽃으로 피우고 싶어도 피울 수 없는 사람으로
변해 있었다
살면서 한 번도 꽃이 된 적이 없는 인생
꼭 다물어 버린 몽우리로
한평생을 살다 꺾이고 말 너무 아픈 삶
사람이 꽃이 될 수는 없지

라일락

멀리에서부터 부르는 향기를
따라가 보니
보랏빛 라일락꽃이
축 늘어져 어서 오라 손짓한다

볼수록 고고한 모습 바라보다
나도 같이 고고해진다

🌰 하람 김숙자

다솔문학 회원
공저: 초록물결 다수 참여

가을 향기 외 2편

설송 서길모

서늘한 바람 냄새의 향기로움

가을꽃들의 영롱한 색이
눈에 담겨 눈 속에 꽃이 핀다

빗소리에도 송알송알
가을 향기가 영롱하게 담겼다

코스모스 꽃길을 같이 걷던
그리운 님을 데려온 하늬바람이 가슴에 안긴다

아 향기로운 가을인가 이제야

누이

20살 어린 나이에
엄마 친정마을 남해 섬으로 내가 태어나기 전 시집간 누이

손재주가 좋아 재봉틀 하나로 시댁 건사하시고
부하가 낸 산불로 불명예 전역하신 매형과
3남 1녀 다섯 식구가 친정으로 귀가하였다

나보다 21살 많으신 누이의 장남은 나와 몇 개월 차이로
어릴 적 같이 자랐다

42세에 아홉째인 날 낳으신 엄마는 젖이 안 나와
동네 젖동냥 아니면 미음으로 날 키우셨다

누이는 한쪽은 아들에게 다른 한쪽은 막내 동생에게
기꺼이 젖을 내어 주셨다

엄마 같았던 누이가
어젯밤 꿈에 나타나셨다

손수 한복을 지어 즐겨 입으시던 고운 모습이었다

엄마만큼 그리운 누이는
보고플 때면 기일에 꿈속으로 오신다

지하철 단상 6

노신사를 만나다

유일하게 핸펀이 손에 없다
전철 5호선 일반석에
꼿꼿하고 느긋하게 앉아 계셨다

옆자리에 앉자
말동무가 필요하신 듯
말을 거신다
하얀 머리색이 닮아서일까

어릴 적 동무들 만나러 큰맘 먹고 찾는 강화도 귀향길
주렁주렁 사연을 품고
다소 기대와 흥분으로 얼굴은 발그레하게 익으셨다

90살 전에라도 서로 얼굴 보자 하여
고향 가는 중이라고 자랑스러운 듯이 차근차근 설명하시는
부드러운 음성과 온화한 미소가 아름답다

가을 단풍처럼 곱게 물든 검버섯까지도
멋진 모습의 노신사를 만났다

그 모습을 마음속에 꾹 눌러 담아 두었다
기억에서 꺼내가며 닮아가고 싶다

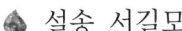

🐚 설송 서길모

시울 & 예술 문학동인
다솔 문학동인
다다이즘 섬 포럼
한림원 수필 문학동인

매무시 외 2편

진선(珍鮮) 김 명 동

무던한
매무시는

고이 숨겨둔,

진달래랍니다.

복합 열차

부부란
복합 열차
출발역 떠난
종착역 때까지
얽혀진
지선 있는
정차선 들면
어려움도 따를
달리는
고속선은
첫날 맺었던
서약을 시험할,

추진체
그린다.

손톱

손맛은
손톱 밑에

무언가 섞인,

양념이었어라.

🛆 진선(珍鮮) 김명동

2012. 문학저널 신인상(시)
한국 문인협회 회원, 경북 문인협회 회원, 영양 문인협회 회원
2018 상반기 '대한민국 시서문학 예술인 대상'
시집『물음표를 지날 수 없을까?』

마음의 창 외 2편

정 현 희

인생은
생각보다 더 아름답지만

사는 게
어떻게 완벽만을 추구하며 살 수 있으리요

조금은
흔들거릴 때 인간미가 넘쳐 나겠지요

산다는 게
힘들 때도 있지만
날마다 유리창을 닦듯이

우리의 마음도
조금씩 닦아 가면은

세월이
흐른 만큼
반짝반짝 빛이 나겠지요

커피와 사랑

뜨거운 찻잔에
그대 생각 한 스푼 넣으니

꽃처럼
아름다운 향기가 피어오르고

찻잔 속에
예쁜 미소
한 스푼 담으니

호수처럼
맑은 그대 눈빛 속에 지혜로운 별이 반짝이네요

그대와
사랑이 시작되던 날

꽃은 피어나고
향기가 나도록
신비한 기능이 가동되었지요

자신감 · 1

세상에서
가장 필요한
사람이 되어라

행동만이
동기를 부여하리라

세상에서
자신을 찾아가는
인생은

가슴 벅차게
행복한 일이여라

자신감을 가져라
최고의 삶이 되도록

♠ 정현희

서정문학 시 부문 신인상
한국 서정작가 회원
서정문학 회원
다솔문학 회원
초록물결 외 공저 다수

다솔문학 14번째 동인지 울림

밤송이 외 2편

권 미 선

댓바람 불던 날
흐트러진 구름 앞세워
까칠한 촉수를 세우더니
스며든 가을에 신바람 낳았다
햇살이 조금 더 뜨겁게 머물러야
알차게 익어 갈 걸 알기에
겉으로는 센 척
가시를 세우지만
가슴 졸여 하얗게 태운 속살
누군들 알까
나뭇잎에 얼굴을 묻고
실눈으로 벌이는 사투
외로움조차
꽃이라 다독이며
가을에 물드는

칡꽃

뜨거운 열기에
겨를 없이 지칠 때
코끝을 기웃거리는
보라색 향기
여름 끝자락
작은 송이 송이로
고혹한 은은함이 피었다
사랑도 지쳐
한숨도 쉴 수 없을 때
살랑살랑
니가 와서
참 좋다

타인

웃으면 좋은 줄 알았고
토라지면 싫은 줄 알았던
친절함과
어색함 사이
강물에 떠가는 나뭇잎처럼
섭섭함도 흘러가면
좋으련만
마음에 스치는
가시 같은 말들
물 위에 뜬
기름 같은
어쩌면
우리는
타인

 권미선

다솔문학 회원
익산문인협회 회원
동인지 다수 참여

벼 이삭이 피네 외 2편

윤 휘

벼 이삭이 피네
아 얼마 만인가
추위에 못자리해서
봄에 모내기해서
뙤약볕에 장마에 잘도 참아주었네
내 이삭거름 실하게 해줘야겠네

이삭이 동네방네 피네
저 위 함경도부터 저 아래 제주도까지
봄에 온통 모심으러 저 위에서 저 아래까지
동네 아이들까지 다 나와 못줄 맞춰 모심더니만

봄바람에 온 동네 춤추며 넘실대더니만
폭우에 온통 물에 잠겨 신음 대더니만
한여름 더위에 목말라하더니만

가실에 쓰러지지 않게
태풍 고 녀석이 넘어뜨리지 않게
이삭거름 실하게 해 주어야겠네

올 가실에 함경도부터 제주도까지
농자천하지대본 꽹과리 신명 나게 두들겨야겠네

끝을 가보다

땅 끝이 있다기에
수평선 길게 보이는
그곳에 가보았지만
희망의 시작이라는
이정표만 보이고

가장 최종 죽음을
기다려야 하지만
존재의 타(他)에겐
아직도 난 현재 일터

잊히기를
사라지기를

절망을 마주하고는
땅 끝에 서보니

희망의 시작이라는
이정표만 있었고

더 이상 땅이 없는
망망대해가 있었고

해 뜬 날 그림자 없는
누군가가 있었다

그렇게 시체는
한참을 무덤 위에
서 있다가는

바다 위를 떠돌다
한 점 구름이 되고는
잊힐 수 있었다

그리고 또 바다에 가야만 했다

내륙 깊숙한 곳에 사는 난
바다를 보고 싶어 미칠 것만 같았다

아마 엄마 배 속의 양수가 부족했거나
너무 일찍 양수를 벗어났거나

양수에서 헤엄치다 빠져 죽을 뻔했거나
다시 양수로 들어가 태아가 되고 싶거나

바다에 가면 이런 생각이 든다
태초부터 난 여기 살았었구나

저 멀리 보이는 섬엔 또 어떤 종족이 살길래
나를 끌어당기는 걸까
모르긴 해도 양수 속에도 섬이 있었을 거다

바다를 달리는 배에 올라
난 만세를 외친다

태초에 내가 양수 속에서 꿈꾸었던
그 무한 자유를 가졌다고

 윤 휘

2024년 시집 〈이제 잠시 쉬어가라고〉 출간
2025년 한국문학세상 신인문학상

여름 예찬 외 2편

이 현 천

생각해 보니
봄은 풋내가 담겨 애틋하고
가을은 막연한 슬픔에 들어
이별 노래를 부르게 되고
겨울은 살아있는 모든 걸
얼구고 닳아 돌덩이처럼
굳어지고 멈춰져 어두운 시간

하지만 여름을 보라
온갖 생명들이 어우러져
거친 숨을 몰아쉬며
앞으로 나아가는 한 순간도 멈추지 않고
화해와 용기와 배려를 실천하는
여름이라는 시간 그 더운 날에도
잎새를 키워가고 열매를 영글어가는 열정에 새들도
조그만 벌레들도 사람들도
힘내어 살아내었다

생각해 보니 여름은
살아내기 좋은 계절이었다

풍성한 녹음은 나날이 넉넉한
그늘을 만들어 무릇 생명들을
그 안으로 불러들여 쉬게 하고
햇볕 아래 사람들은 땀 흘려
살면서도 나 아닌 곁을 바라보게 했고
한 번도 여름을 벗어나려 애쓰지 않았다

잊고 살았던 것을 문득
기억하게 하는 여름날엔
추억도 영글어 훗날 떠나간
사람을 그리워하게 만든다

그리운 것이 쌓일수록
내 여름은 그 열정을 잃지만
가을 계절에 자리를
내어주면서도 내 것을 고집하지
않는 여름의 여유로움이 좋다

난 그것을 배운 여름이었기에
쓸쓸해질 가을을 걱정하지 않는다.

가을 앞의 친구에게

산에 올랐다
오를수록 바람이 시원하다
땀을 식혀주는 것으로
발걸음은 멈추지 않는다

이 여름엔 각진 내 삶의
모서리를 둥글게 다듬으려
더움을 참아냈고
볼 것도 들을 것도
외면하며 살고자 했다
내 삶의 세월에 걸맞게

벽면을 가득 채운 담쟁이
늘 푸르게 보이지만
어쩌면 지금쯤
모퉁이 돌고 있는 가을을 보고 있을 터다
속으론 짙은 녹색을 덜어내고
있는지도 모를 일이다
그것이 가을을 보는 지금
자신이 해야 할 일이기에

친구 다시 마주할 계절 가을엔
무엇을 비우려는가
무엇을 채우려는가
그를 위해 무엇을 준비하는가

계절의 흐름
가을 담은 바람을
산에서 만나고 보니
문득 묻고 싶어지네그려.

접시꽃

너는 가고 없어도
꽃은 피어 너의 자리를
생각나게 하고

너의 사랑 시들해도
꽃은 피어 너의 향기를
그리워하게 하고

너의 모습 희미해도
꽃은 피어 너의 아름다움을
기억하게 하고

오직 한곳만을 보며
사는 너는 숙명이었나.

🔺 이현천

충북 충주 출생
현대시선 신인문학상
현대작가대상
시산책공모전입상
'감성의 온도' '문학산책' 외 동인지 참여
소래포구 외 시화전 참여
시 문학 활동 중

잠 못 드는 봄밤 외 2편

혜원 박 지 숙

나는 당신의 향기에
취해 며칠째
삼성병원 정원을 서성입니다

바람이 나를 흔들어
코끝을 후비고
눈을 비비게 하고
얼굴을 감싸안게 하여
잠 못 들게 하는 봄밤

아버지 곁에서 며칠 밤
꼬박 밤을 지새웠던 그 기억이
잠 못 드는 밤을
위로해 줍니다.

태백산보다 크고 위대하신

극한 폭염 속 태백산에 올랐다
비탈진 양배추 밭 녹색 물결이
두 눈을 사로잡았다
내가 어릴 적 보았던
한겨울 잘 견딘 마늘밭처럼
꽃보다 더 고운 푸른 잎들
한여름 이맘때면
바다보다 넓은 밭
쩍쩍 갈라진
메마른 땅에서
뽑아도 뽑아도 끝이 없는
마늘밭에서 어머니는 살다시피 하셨다
"농사는 때가 있단다."
겨울밤처럼 춥고 캄캄한 세월
홀로 견뎌 내셔야 했던
숯 검댕이 되어가는 속 타는 마음을
그 누가 알아주랴
지독한 여름
오로지 육 남매를 위해
평생 땡볕을 머리에 이고 사신 어머니
세월 가도 잊을 수 없어

애야 부르며 문 사르르 열고
살포시 올 것만 같아

밥

초가을 대모산
밤 한 송이 우렁차게 툭 떨어진다

아버지께서
날마다 드셔도 좋아하셨던 솥밥
풋밤 가득 넣어지었다

솥뚜껑 들썩이며 뜸이 들던 소리에
아따, 밥 냄새 참 좋다
아버지 목소리 쟁쟁하게 들린다

밤 냄새는 온 집을 감돌고
아버지가 가을로 오셨다

🔹 혜원 박지숙

서정문학 시 부문 신인상 수상
다솔문학 회원
공저 : 다솔문학 동인지 초록물결 다수 참여

할 건 해야지 외 2편

이 상 구

엊그제 그리 눈이 왔어도 개나리는 노랗게 피어
이래 말한다
할 건 해야지
나를 돌이켜 보면 안 할 건 하고 할 건 안 하고
미운 일곱 살 엄마 말 반대로 하는 아이가
오십 해 같은 일을 반복하네

안 할 건 안 하는 게 쉬울까
할 건 하는 게 쉬울까?
평생 고민이다
그래도 안 할 건 안 하다 보면 할 건 하고 있지 않을까
안 할 거 안 하는 게 쉬운 사람 부럽다

할 건 해야지

작은 별

세월이
꿈도 깎는다고?
둥글게 된 꿈은
다시 조금 작은 별로
깎으면 되지
굳이 큰 별일 필요는 없어
별은 멀리서 보는 거니까
어차피 작게 보이고
거인들도 다가가서 보면
난쟁이의 무등을 탄 난쟁이더라

꽃봉투

우유가 꽃을 피우면
목련이 되고

그리움이 흘러넘치면
소식이 된다

오늘은 또박또박 연필 글씨로
손 편지를 띄우고 싶은 날이다

꽃봉투에

 이상구

다솔문학 회원

유월 밤 외 2편

기당 신영미

밤안개 달무리 고운
음력 유월 보름달

서쪽 하늘에 기울어
산등성이에 걸려있다

아직은 담아내지 못한 그리움
아버지 생각이 난다

밤을 새워 지키던 아버지 병상
달빛이 위로가 되던 날들

시간이 그렇게 흘렀는데도
가슴 먹먹하게 저려오는 까닭은

더 드리지 못한 사랑이
달그림자 밟고 찾아온다

치유의 시간

높아진 하늘
가을인가 봐
심장이 쿵 울렸다

청춘이 지나가서인가
빠르게 흘러가는 계절
그래도 더 빨리 지나가기를

고독한 치유의 시간
겨울이 지나가면
항암 치료도 끝난다

별빛을 품고
구름을 쫓으며
바람은 안고 사는 여인

새잎 돋는 시절이 오면
들판 종달새처럼 자유로운
나물 뜯는 아낙네를 만나겠지

여정

앞만 보고 간다면
그대 뒤에 있는 사람은
지구에서 가장 멀리 있는 사람

등만 보고 가는 사람은
외로운 사람
그마저 돌아서 가면
쓸쓸한 바람만이 불뿐

돌아서면 비로소 보이는 편린
시간에 묻힌 소소한 일상
견디며 지나간 상흔
그래도 행복하게 웃는 모습

앞만 보며 뛰던 시간
바람처럼 지나가고
이제는 같은 곳을 바라보며
손잡고 나란히 걷기

인생은 길지도 짧지도 않은
선택 할 수 없는 선택
등 돌리기엔 너무 아까운 시간

부드러운 신의 숨결이
항상 우리 곁에 머물기를
매 걸음걸음마다
평화가 함께 하기를

🜚 기당 신영미

경기도 여주 출생
서정문학 시부부문 등단
한국문인협회시분과회원
한국문학 유적탐사회원
이천문인협회 이사
다솔문학 회원
메타포엠 회원

추석날 외 2편

이 일 중

다들 떠나서
빈 마을에 있을 수 없어서
무작정 아내와 집을 나섰다
북적이는 도로에서
마음이 힘든 것처럼
한때는 명절로 북적였던 집에서
옴짝달싹 못했던 홀 며느리 마음아
어머니가 없는
낯선 마을에서
하루를 묵어 숙소를 비우고
평생을 모셔온
이제는 더 이상 부모님이 계시지 않은
텅 빈 집으로 간다.

제주 모슬포에서

바다에서
그대가 큰 줄 처음 알았다
이 세상에 하나도
품을 수 없는 것이 없는 그대여
바다에서
비로소 사랑이 푸르다는 것을
처음 알았다
깊고 푸른 곳에서
하얗게 물거품 되어
밀려오고 또 밀려오고
넘치도록
계속 자신을 내어주는 바다
사랑은 이렇게
자신을 수백 번이라도
주는 것임을
바다에서 깨달았다
이 세상에
하나밖에 없는 바다
그대 같은 사람도
하나뿐이다

불멍

아마도
올해의 마지막 가을밤인 듯
모닥불 주위로 모여든 것이
추위를 녹이려 한 게 아닌 듯하다

눈이 호사를 누리고
멍해졌겠지
불쏘시개 하나로
가을을 태우는 저녁이
숯덩이처럼 깜깜한 밤이
살아온 날들의 회상들을
두런두런 나누는 목소리를
귀 기울여 염탐하고
타오르는 불꽃처럼
뜨겁게 꽃피운 날도 있었으리

군고구마처럼
구수한 날들도
검게 탄 껍질처럼
씁쓸한 날들도
한가득 장작이

한 줌 재로 사그라지고
우리의 날들도
마지막 날엔 한 줌이겠지

예쁜 숯불에 눈이
행복해지고
다음에는
삼겹살과 생선을 구우리라 기약하며
오랜만에 정들어
헤어짐이 아쉬워 안타까운 새벽길

지금도 가을을 태우는
그 매캐한 연기가 코끝에서 아른거린다

 이일중
다솔문학 회원

이 하루가 행복이길 외 2편

清雨 장 선 호

이 세상엔
힘겨운 일들이 많지만
오늘은 당신의 삶을 응원하리라
태양이
떠오르기에 가슴 뛰는
꿈꾸는 당신의 삶엔 소망의 하루

비 내리는
당신의 삶엔 축복 가득히
서로를 격려하며 경주하듯 살아온
서로를
토닥거리며 아등바등 살아가도
그래도 살만한 게 이 세상 아니랴

인생은 에움길 돌아가듯
기쁨과 슬픔이 함께 어우러진 날
감사로 여는
당신의 하루에 축복 가득했으면
시절에 젖은
너의 땀방울에 웃음 가득했으면

가을 들녘

눈물이
나는 거지
기뻐서 우는 거야

저마다
고개 숙인
힘겨운 날이었음

무수한
사연들 가득
가슴 뛰는 가을 녘

다솔문학 14번째 동인지 울림

꽃길에서

언젠가
걸어야지
유년의 꿈이려니

일평생
마음속에
품어온 길이었지

모든 걸
내려놓는 날
웃음꽃을 피운다

🝰 清雨 장선호

계간 시세계 시등단(2015), 월간 문학세계 시조등단 (2015), 한국시조문학 시조
등단(2017)
한국문인협회(시조분과). 한국시조협회 회원, 천성문인협회부회장.
사상예술인협회.사상문인협회 회원
한국베이비박스문인협회 대표
제16회 시세계문학상 수상, 제4회 천성문학 우수상, 양산 (예.총) 문학상수상
공저-(베이비박스에 희망을 싣고1집~9집)외 다수

가을의 길목에서 외 2편

淸雅 길 성 환

타는 목마름 속에
그대 오시는 길목

그 깊은 기다림 끝에
그대는 파란빛 물들인

시린 하늘로
내게 오셨네요

붉은 바람에
실려 온 뭉게구름 아래

노랗게 익어가는
들녘 한 자락

나지막이
불러보는 그대는 가을입니다

세월 그 아쉬움

오늘은
무슨 그림을 수놓을까

구름 한 점 없이
다 숨어 버린 하늘이

온통 파란 물만
가득 머금고

화단 여기저기
이슬 젖은

꽃잎을 말리는
꽃들의 분주한 단장에

잠이 덜 깬
고추잠자리 하나가

비틀거리는
날갯짓으로 날아오르고

나름 치장을 한
철 지난 장미꽃의 미소에

세월의 아쉬운
숨을 길게 내쉬며

가을 아침이
또 다시 속삭여 온다

창에 내린 가을

여명을 비집고
투둑 투두둑

가을이
차창을 두드린다

하얀 달빛은
비구름을 건넜을까

제법 푸르게
익은 여름이 숲에 내려

어느새 다가온
가을을 흠뻑 적시고

구름 뒤에 숨은
여명이 언뜻 앞에 섰다

가을은
비를 앞세워 오려나 보다

🔹 淸雅 길성환

다솔문학 회원
다솔문학 동인지 다수 참여

매실 담그는 날 외 2편

이 수 을

푸른 매실, 물결 따라 일렁인다
손끝에 닿는 단단함, 여름 산의 심장
장마 오기 전 따서
깨끗이 닦아야 한다는
어머니 목소리가 귓가에 울린다
짚으로 문지르면
묵은 그리움이 바람처럼 흩어진다
설탕이 눈처럼 쌓이고
병 속으로 30도의 하얀 강물이 쏟아진다
매실 하나하나 차오를 때
숲의 향기가 스며든다
병을 흔들면 작은 강이 일어나고
설탕이 녹는 소리는
잔잔한 비가 내리는 소리와 닮았다
백일이 지나면 향기는 더 깊어지고
그 안에서 어머니의 손길이 느껴진다
햇살이 병에 부딪히면
금빛 파문이 강물 위로 번진다
창문 틈 바람이 병 속 파도를 만든다
나는 알았다
매실 담그는 일은 정성
정성은 그리움까지 담그는 일이라는 것을

객기, 또 다른 이름의 용기

한때 나는
가장 높은 파도를 찾아
스스로 몸을 던지곤 했다

그것은 객기라 불렸으나
사실은 바다의 언어를 배우는 첫 수업이었다

나는 거품처럼 흩어져도
또 다른 해안에서 나를 기다리고 있었다

객기는 파도다
무모한 굽이로 나를 집어삼키고
끝내는 또 다른 용기라는 이름으로
나를 밀어 올린다

나의 자아는 바다로 번지고
다시 나의 가슴 한복판에 부서진다

어쩌면 젊은 날의 객기는
웃음 섞인 흉터가 아니라
가장 먼 곳까지 닿으려던
또 다른 이름의 용기였음을

석류라는 이름의 여자

꽃을 피우려던
기억의 궤짝을 닫습니다

오래된 약속을 잊은 채
붉은 노을이 내려앉은
버려진 들판에는
차가운 바람만이 춤을 추고
향기롭던 입술은 금 간 유리처럼
차가운 빗물이 고여 있습니다
텅 빈 언덕에 선 당신은 이제
나 혼자만의 그림이 아닙니다
가을의 허기진 풍경 속에서
당신은 붉게 익은 석류가 됩니다
한 알 한 알 박힌 씨앗들은
흘리지 못한 눈물이 굳어버린
당신의 부분이면서, 동시에
나를 이루는 전부가 됩니다
우리는 서로의 외로움을 품고
겨울로 가는 마차를 기다립니다
당신의 쓸쓸함은 곧 나의 허기가 되고
나의 허기는 당신의 세계를 터뜨립니다

이제 당신의 이름은
석류입니다

🌰 이수을

호는 나루, 본명 이윤근
다솔 문학회 회원
2020. 7. KT&G 복지재단 문학상
　　　　최우수상 수상(새벽 인력시장)
2023. 8. 홍성군 디카시 공모전 대상 수상 (기다림의 차이)

나무와 숲 외 2편

노 형 호

가까이 가지 마라
아무것도 보이지 않을 땐
몇 발짝 뒤로 물러나라

시야가 넓어지면서
보다 많은 것들이
그대 눈에 자리 잡을 테니

잘 새겨두어라
나무는 보고 숲을 못 본다는 속담을

발효와 숙성

너무 서두르지 마라
해야 할 일을 해놓고 느긋하게
기다리면 기회는 오게 돼있어

쉽게 얻은 것은 쉽게 없어지고
빨리 뜨거워지면 빨리 식고 말지

세상의 모든 일은 때가 되어야 해
번갯불에 콩 볶아 먹듯 해서야 되나
발효와 숙성의 시간 없이 뭘 하겠어

보릿고개

봄을 지나 여름으로 가는 길목에 실체도 없이 버텨선 험한 고개를 사람들은 힘겹게 넘고 있었다

양식은 바닥나고 종자만 남았는데 굶어 죽더라도 그것마저 먹어 없앨 순 없어 땅이 꺼지도록 한숨만 내쉬었다

보리 이삭은 피었으나 익을 때까지는 한참을 기다려야 하니 그 나날들이 너무나 힘겹고 야속하였다

나 하나 배곯는 것이야 얼마든지 참고 견디겠지만 울부짖는 어린 자식들을 차마 똑바로 보진 못하였다

울컥하는 마음을 애써 누르고 벌겋게 물든 눈자위를 감추려고 먼 산을 바라보지만 울면서 들썩이는 어깨까지 숨길 수는 없었다

어떻게 견뎌내었는지 어떻게 지나갔는지 그 시절은 결코 아름다운 추억의 시간은 아니었다

서럽고 한 많은 세월을 말없이 보내고 없이 살았던 시절을 생각하면 지금도 가슴이 미어지지만 그때 흘렀던 강물은 오늘도 무심코 흘러만 간다

🔸 노형호

다솔문학 회원
다솔문학 동인지 초록물결 참여

자폐 외 2편
- 詩가 무당을 찾아갔다

신 재 균

우리는 죽음을 향해 말을 달리는 돈키호테
명분도 실리도 없이 허공을 향해
창과 칼을 휘두르고 화살을 쏘아댄다
형제를 죽이고 이웃을 죽이고
결국 자신마저 죽고 마는,
어리석은 길을 가는 자폐 속에 갇힌
너와 나는 또 다른 황제들

가장 위대하다고 착각의 깊은 바다에 빠져
허우적대는 우리는 입만 열면 거짓말이다
철저하게 계산된 화장술에 세상을 맡기고
지금 우리는 어디로 끌려가고 있는가
보이지도 않는 코뚜레에 묶여

나는 누구인가
너는 누구인가
우리의 틀을 인정하지 못하는
우리라는 무리는 누구인가
이유 없이 죽어가는 세상에 묻는 게
돈키호테와 맞서는 풍차방앗간에
책임을 전가하는 우리는 진정 무엇인가

하늘이 열렸다지

쥐고 있던 세월을 놓쳐버린 인생길에서
주변이 등을 돌린 것처럼
운명으로 치부하기에는
너무나도 서러운 낮달이 진다

세상이 깊이 잠든 새벽
갑자기 하늘이 열리고
물폭탄이 투하되어도
잠의 나락에 모두가 빠져든 사이

숨구멍을 위해 물 위로 떠올랐던 콧구멍이
흙탕물의 성난 파고 위에서
생과 사의 갈림길을
수없이 넘나들었다지

가족이고 사랑이고는
귀신 씨나락 까먹는 소리
혼자서 간신히 살아남는 것도 버거운
혼미한 생과 사의 갈림길에서

살아남은 당신과 나는 어디에 숨어 있었는가?

상식이 실종된 나라, 이 미친 사회
하늘의 경고에도 끌고 가는 놈이나 끌려가는 놈이나
이권의 저울 위에 핏물 흐르는 목숨을 올려놓고
사람이기를 거부하는 악마가 산다

추(錘)의 공식

중량의 철학을 수학적으로 풀어내면
옹달샘 같은 한 개의 맑은 저울
쇠의 근본도 모르면서 아는 체하는
잘난 동물들의 하루가 쌓여가도
저울을 몸에 달고 살아가는 너와 나는
아직, 계량이 끝나지 않았다
어디까지 왔는지
어디까지 가야 하는지
추를 잡은 놈이나
저울 접시에 앉은 놈이나
아무것도 모르는 깜깜한 세상
눈치를 본다
구경꾼에서부터 지나는 바람이나
비린내를 몰고 오는 습한 냄새까지
추는 추일뿐이다
정신없는 태풍 같은 바람이 불어오면
끊어지지 않으려고 흔들리는 추일뿐이다

🔹 신재균

다솔문학 회원
다솔문학 동인지 초록물결 다수 참여

[수필]
어머니 눈물

하 늘 꽃 윤 외 기

검게 그을린 얼굴 위로 땀이 강물처럼 흘러내리던 여름날의 기억이 있다. 햇살은 무자비했고, 논밭은 갈라져 숨조차 막히는 듯 메말라 있었다. 그러나 그 자리에 굳건히 서 계셨던 분은 바로 어머니였다. 새우등처럼 굽은 허리와 마디 굵은 손, 햇볕에 탄 얼굴에는 작고 검은 점들이 꽃처럼 피어 있었다. 그것은 삶의 흔적이자 세월이 새겨놓은 주름살이었다.

어머니의 얼굴을 오래 바라보다 보면, 그 골마다 고인 눈물이 마르지 않는 샘처럼 차올라 흐르는 듯하다. 아무 말 없이 흘러가는 세월의 강 위에, 어머니의 눈물은 늘 조용히, 그러나 단단하게 자리 잡고 계셨다.

땀방울로 쌓아 올린 세월, 나의 어린 시절, 집은 넉넉하지 못했다. 흙냄새 진하게 배어 있던 시골 동네, 그 안에서 살아가는 가족에게 하루하루는 생존의 무게였다. 새벽이면 어머니는 누구보다 먼저 일어나셨다. 아직 어둠이 가시지 않은 부엌에서 부뚜막의 불씨를 살리시고, 새벽밥을 지어 아버지의 도시

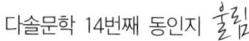

락을 싸셨다. 작은 반찬 한두 가지, 그리고 고슬고슬 지은 쌀밥이 전부였지만, 그 도시락에는 사랑이 담겨 있었다.

아버지를 먼저 논으로 보내신 후 어머니는 곧장 따라 나가셨다. 여름이면 타는 햇볕이 피부를 파고들었고, 겨울이면 바람이 칼날처럼 뺨을 갈랐다. 그럼에도 어머니는 한 번도 농사일을 피한 적이 없었다. 삽으로 흙을 일구고, 모판에서 모를 옮기고, 허리를 굽혀 모를 심는 동안, 어머니의 등에선 늘 땀이 강물처럼 흘러내렸다. 그 땀방울이야말로 우리의 밥이 되었고, 우리의 내일이 되었다.

세상은 종종 땀을 대수롭지 않게 여긴다. 그러나 어머니의 땀은 단순한 노동의 흔적이 아니었다. 그것은 한 생명이 다른 생명을 살리기 위해 흘린 거룩한 액체였다. 마치 논밭에 스며드는 빗물처럼, 어머니의 땀은 우리 가족의 삶을 적시고, 메마른 가슴을 촉촉이 적셔주었다.

검은 꽃으로 피어난 세월의 흔적처럼 어머니의 얼굴엔 작은 검은 점들이 있었다. 어릴 적 나는 그것을 '검은 꽃'이라 불렀다. 그러나 세월이 흐르며 깨달았다. 그것은 태양과 바람과 흙이 새긴 흔적이었다. 검게 그을린 피부 위에 한 점 두 점 찍힌 점들은 단순한 색소가 아니었다. 그것은 노동의 역사였고, 헌신의 흔적이었다.

어머니의 손등은 늘 거칠었다. 마치 바다의 파도에 오래 부딪힌 바위처럼, 굴곡지고 단단했다. 그 손으로 밥을 짓고, 빨래를 하고, 우리 형제들의 등을 어루만져 주셨다. 거친 손끝이었지만, 그 손길은 누구보다 따뜻하고 부드러웠다.

사람들은 아름다움을 젊음에서 찾곤 하지만, 나는 어머니의 얼굴에서 진정한 아름다움을 배웠다. 화장으로 가려지지 않는 주름, 세월의 무게로 깊어진 골, 햇볕에 그을려 생긴 검은 꽃들. 그것들이 모여 어머니의 얼굴을 빚어냈다. 그 얼굴은 세상의 그 어떤 그림보다도 숭고했다.

눈물의 강을 건너시는 어머니는 잘 우시는 분이 아니었다. 큰 소리로 울음을 터뜨리는 모습을 본 적은 거의 없다. 그러나 문득문득, 그 눈가에 고인 눈물을 본 적이 있다. 형편이 어려워 자식들에게 원하는 것을 해주지 못했을 때, 병든 아버지를 간병하실 때, 혹은 자식들이 집을 떠나가는 뒷모습을 바라볼 때. 그때마다 어머니의 눈빛은 촉촉이 젖어 있었다.

그 눈물은 나약함의 표정이 아니었다. 그것은 오히려 강인함의 다른 이름이었다. 한없이 흘려보내면서도, 결코 무너지지 않는 물줄기. 그것은 세월의 강을 따라 흐르며 우리를 삶의 저편으로 건너게 하는 다리였다.

나는 때때로 어머니의 눈물이 내 삶의 뿌리가 되었음을 느

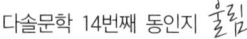

낀다. 그것은 내 안에서 끊임없이 솟아나는 샘처럼, 힘들 때마다 나를 지탱해 준다. 눈물은 비록 물이지만, 그 안에는 불처럼 뜨거운 사랑이 담겨 있었다.

세월을 새기는 글씨처럼 어머니의 주름은 글씨와 같다. 말로 다 하지 못한 세월을 주름살이 대신 적어 놓았다. 얇은 종이에 눌러쓴 필체처럼, 이마의 주름은 고단한 삶의 연대기를 기록했고, 눈가의 주름은 웃음과 눈물이 교차한 시간을 담았다. 볼에 깊게 패인 골은 땅을 일구던 손길을 닮아 있었다.

나는 그 주름들을 바라볼 때마다 한 권의 책을 읽는 듯한 느낌을 받는다. 글자는 없지만, 그 안에는 수많은 이야기와 감정이 살아 있다. 그것은 가난과 고난을 견디며 가족을 지켜온 한 인간의 연대기이자, 이 땅의 어머니들이 함께 써 내려간 민중의 서사시였다.

나에게 남겨진 숙제처럼 이제 나는 어머니의 나이를 헤아리게 되었다. 거울 앞에 서면 내 얼굴에도 어느새 작은 주름들이 자리 잡고 있다. 때로는 그 주름을 보며 어머니의 젊은 날을 떠올린다. 나는 그만큼의 땀과 눈물을 흘렸는가, 스스로에게 묻는다.

어머니가 내게 남겨주신 것은 단순히 밥상 위의 음식이나 생활의 터전만이 아니다. 그것은 땀으로 가꾸고, 눈물로 다져

진 삶의 태도였다. 아무리 고단해도 묵묵히 견디며, 기어이 버텨내는 힘. 그것이 어머니의 유산이었고, 나 또한 그것을 이어 살아야 한다.

어머니의 눈물은 사라지지 않는다. 그것은 내 안에, 내 삶의 결에, 그리고 내 아이들의 웃음 속에 고여 있다. 마치 흘러간 강물이 다시 비가 되어 돌아오듯, 어머니의 눈물은 세대를 건너 흘러가며 새로운 생명을 적셔 줄 것이다.

어머니의 눈물이 꽃이 되는 날 나는 언젠가 이런 상상을 해 본다. 어머니의 눈물이 흘러 대지를 적실 때, 그 자리에서 꽃이 피어난다면 어떨까. 눈물은 결코 허공으로 흩어지지 않는다. 그것은 땅에 스며들어 씨앗을 키우고, 생명을 살리는 물이 된다.

실제로 내 삶이 그렇다. 어머니가 흘린 눈물이 있었기에 나는 살아왔고, 다시 내 아이들을 키워낼 수 있었다. 어머니의 눈물은 슬픔이 아니라 희망의 씨앗이었다. 그 씨앗이 자라 꽃을 피울 때, 우리는 비로소 어머니의 사랑이 얼마나 깊었는지를 깨닫는다.

어머니의 얼굴에 새겨진 땀방울과 검은 꽃, 그리고 주름마다 고여 있던 눈물, 그것은 단지 한 개인의 삶을 넘어, 우리 모두의 어머니들이 살아온 역사이다. 시대가 변하고, 세상이 달

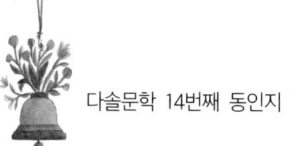

라져도, 그 눈물의 강은 여전히 흐른다.

　나는 그 강가에서 자라났다. 이제는 나 또한 그 강을 건너야 할 차례다. 그러나 두렵지 않다. 어머니의 눈물이 내 안에서 여전히 흐르고 있기 때문이다. 그 눈물은 세월의 강을 따라 흘러가며, 나와 내 아이들, 그리고 그 다음 세대를 건넌다.
　어머니의 눈물이야말로, 이 세상 가장 순결한 강물이다.

🌰 하늘꽃 윤외기

시인, 수필가, 다솔문학 회원, 한국문인협회 회원, 문예마을 부대표, 문학춘하추동 이사
〈저서〉『그리움의 꽃잎편지』『갈바람이 전하는 연서』『IN-N-OUT의 비밀』『너의 이름은 사브라』
〈공저〉다솔문학 5~14호, 쉴 만한물가 1~10호 외 다수

[평론]

맞짱

호은 최 석 종

가난과 포기를 지나, 중년이 되어 다시 펜을 든 필자의 삶은 끊임없는 도전과 선택의 연속이었습니다.

김현희의 시 「맞짱」은 단순한 육체적 충돌을 넘어,

인간 내적 긴장과 선택, 책임, 성찰을 심층적으로 탐색하는 작품입니다.

서론

김현희의 시 「맞짱」은 단순한 육체적 충돌 장면을 넘어, 인간 내적 긴장, 선택, 책임, 성찰을 심층적으로 탐색하는 작품입니다. 시인은 맞서는 순간의 긴장, 판단, 불확실성을 정교하게 포착함으로써, 독자로 하여금 육체적 체험과 심리적 반응을 동시에 체감하게 합니다.

이 시에서 맞짱은 단순한 경기적 행위를 넘어 인생의 선택과 책임, 인간관계 속 긴장과 갈등을 은유하는 상징적 장치로 가능합니다. 발끝의 균형, 땀과 심장 박동, 숨소리 등 감각적 요소는 시적 사실주의와 심리적 긴장의 결합을 보여주며, 독자

다솔문학 14번째 동인지 *울림*

를 시적 상황 속으로 깊이 끌어들입니다.

시인 약력

다솔문학 회장
한국문인협회 회원
현대문학사조 편집위원
안중근 의사 의거 108주년 기념 전국학생백일장 시 부문 심사위원
2016년 서정문학대상 수상
문예계간 시와수상문학 2017년 문학상 수상
2020년 현대문학사조 문인협회 작가상 최우수상 수상
서울시 지하철 승강장 스크린도어 다수 게재
제6회 배기정 문학상 수상
2024년 현대문학사조 문인협회 작가대상 수상

개인 저서
《달팽이 예찬》,《어둠이 말 걸다》,《생선살 발라주는 남자》,《노루 꼬리가 길면 얼마나 길다요》,《옹이박이》

맞짱 / 김현희

숨죽인 채 시작을 기다린다
주먹보다 더 무거운 긴장감
발끝으로 균형을 잡으며
순간의 선택이 운명을 결정한다

몸이 부딪히고, 기술이 섞이고
눈빛과 숨소리가 얽힌다
한순간의 망설임 속에
상대의 움직임과 내 의지가 맞물린다

결판의 순간
승패는 중요하지 않다
맞서는 과정 속에서
자신의 힘과 의지, 삶의 무게를 느낀다

본론

「맞짱」은 신체적 충돌과 내적 판단, 순간적 선택을 정밀하게 중첩시킨 시적 장치의 사례로 평가할 수 있다. 시인은 육체적 긴장, 심리적 부담, 그리고 감각적 경험을 동시에 표현함으로써, 단순한 경기적 상황을 인간 존재와 삶의 조건을 사유하는 비평적 공간으로 확장한다.

시적 장치와 상관물을 정리하면 다음과 같다.

숨죽인 기다림 – 신체적 준비를 넘어 심리적 긴장과 시간의 압축을 상징한다. 독자는 이 순간의 정적 속에서 결정적 선택의 무게를 체감하게 된다.

주먹보다 무거운 긴장감 – 주먹이라는 구체적 사물을 은유로 사용, 육체적 충돌과 내적 부담을 동시에 드러낸다. 긴장감 자체가 인간 내적 갈등과 책임의 무게를 함축한다.

발끝으로 균형 잡기 – 시각적·감각적 상관물로서 신체적 균형과 내적 판단을 동시에 보여 준다. 발끝의 미세한 움직임은

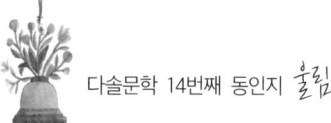

독자로 하여금 순간적 판단과 신체적 긴장을 체험하게 한다.

운명을 결정하는 순간 – 시적 시간의 은유로, 맞짱 장면이 단순한 충돌이 아니라 선택과 책임, 인간 삶의 은유적 장치임을 강조한다.

몸과 기술, 눈빛과 숨소리 – 감각적 상관물로, 인간관계 속 긴장과 상호작용을 상징하며, 독자는 심리적 층위를 생생히 체험한다.

결판의 순간, 승패는 중요하지 않다 – 과정 중심의 시적 장치로, 충돌은 결과가 아니라 자기 성찰과 인식의 매개가 된다.

구조적 분석 (발췌·해석)

숨죽인 채 시작을 기다린다
주먹보다 더 무거운 긴장감
%
첫 장면에서 시인은 긴장과 대비를 감각적으로 드러낸다. '숨죽임'은 단순한 신체적 준비가 아닌 내적 긴장과 심리적 대비의 은유적 표현이다. '주먹보다 무거운 긴장감'은 육체적 충돌 이상의 심리적 부담과 인간 내적 갈등을 상징한다.

발끝으로 균형을 잡으며

순간의 선택이 운명을 결정한다
%

발끝 균형은 신체적 균형과 내적 판단의 상관물이다. 순간
적 선택이 운명을 결정한다는 표현은 맞짱 장면이 단순 충돌
이 아닌 인생과 인간 존재의 은유임을 드러낸다.

몸이 부딪히고, 기술이 섞이고
눈빛과 숨소리가 얽힌다
%

충돌과 기술, 눈빛과 숨소리의 얽힘은 감각적 상관물이자
인간관계 속 심리적 긴장과 상호작용을 나타낸다. 독자는 시적
장치를 통해 순간적 판단과 갈등을 체감하게 된다.

한순간의 망설임 속에
상대의 움직임과 내 의지가 맞물린다
%

망설임과 맞물림은 내적 판단과 갈등의 복합적 층위를 보여
주는 장치다. 시적 상관물은 인간관계 속 의지와 힘의 상호 작
용을 강조하며, 독자는 자기 내적 선택을 반추하게 된다.

결판의 순간
승패는 중요하지 않다
맞서는 과정 속에서
자신의 힘과 의지, 삶의 무게를 느낀다

%

결과보다 과정이 강조된다. 맞서는 과정은 충돌을 자기 성찰과 인식의 장치로 전환하며, 독자는 육체적 긴장과 내적 선택, 삶의 무게를 동시에 경험한다.

결론

「맞짱」은 단순한 육체적 충돌을 넘어, 인간 내적 긴장, 선택, 갈등, 성찰을 정교하게 담아낸 시적 실험입니다.

은유, 상관물, 감각적 장치를 통해, 시인은 충돌과 맞섬의 순간을 인간 존재와 선택의 의미로 확장합니다. 숨죽인 긴장, 발끝 균형, 몸과 눈빛, 숨소리의 섬세한 묘사는 독자로 하여금 시적 상황을 감각적으로 체험하게 하며, 과정 중심의 서사로 인생과 선택의 의미를 사유하게 합니다

결국 「맞짱」은 단순한 맞섬이 아닌, 인간 존재와 삶의 무게를 체감하게 하는 심리적·철학적 평론적 시라 평가할 수 있습니다

🌰 호은 최석종

문학시선 시 등단, 시학과 시 평론 등단
한국문학 공모전 최우수상, 문학시선 타고르 공모전 우수상, 문학시선 윤동주 공모전 우수상, 파리 아트컬렉스 시화전 최우수상
시집 『희망의 발싸개』
다솔문학 3~~12집 참여 공인 인증시 공저
『우리가 빛날 차례다』 공저 바스크 출판사 다수 공저

다솔문학 임원진들의
10주년 축하 메시지

박순옥 고문

흐르는 세월 따라 쌓이는 것이 많기만 했던
다솔 문학 10주년 축하드립니다

박선정 고문

앞으로 문학적으로 나 인성적으로도
더욱 성숙해지는
우리 다솔문학 동인지와 회원이 될 것이라 확신합니다
우리 다솔문학 파이팅

김현희 회장

초록의 물결이 흘러흘러 10주년이 되었습니다
지금껏 함께 달려온 모든 문우님들과
오늘을 자축하고 싶습니다

서정원 부회장

다솔문학 10년, 얼씨구 절시구 지화자 좋다
풀처럼 피고 지고, 시처럼 흐른 우리 시간들
오늘은 마음껏 춤추고 노래하며 축하하자
14집 동인지 속 한 편 한 편의 시처럼
우리 마음에도 웃음과 감동이 가득하길
다솔 시인들이여 영원하라
15년, 20년, 아니 50년 쭈욱 함께 합시다

조동현 사무국장

10주년을 축하합니다
문우님과 소통하며 공생의길 걸어왔네
희락중에 다솔문학 감사하기 그지없소
10주년을 축하하고 탄탄대로 기원하오

이종철 총무국장

다솔문학 창립 10주년을 진심으로 축하합니다
그동안 다솔문학을 거쳐 간 수만 명의 문우들과
기쁨을 함께 나누고 싶습니다
특히, 김현희 회장님과 박순옥 고문님께
진심으로 감사드립니다
다시 시작하는 10년 영광의 다솔문학을 기대합니다

조순자 기획국장

옛날에는 십 년이면 강산이 변하는데
지금은 오 년이라네요
십 년 동안에 한 번이 아니라 두 번 바뀌어서
오늘까지 온 탄탄대로의
다솔 문학회가 자랑스럽습니다
아주 작은 마음이지만 보태면서
함께 하겠습니다

유영아 홍보국장

자신이 인생의 주인공이란 걸 잊지 마시고
소중한 하루하루를 즐겁고 행복하게
살아갔으면 좋겠습니다

김덕영 정보국장

다솔10주년에 즈음하여
건강
건필
다솔문학회 파이팅입니다

김영진 운영위원

밥, 맛있으려면 쌀을 불릴 시간 필요하듯
십 년, 함께 한 듯 나를 불린 시간 뿌듯하여
십 년 더, 다시 십 년 더 함께 합니다를
간곡히 주문합니다.

최준표 영상국장

거미줄에 걸려 활자들이 빠져나갈 수 없는
다솔의 10주년 무궁무진한 발전

다솔문학회 임원 명단

고　　문 : 박순옥 박선정

회　　장 : 김현희

부 회 장 : 서정원

사무국장 : 조동현

총무국장 : 이종철

기획국장 : 조순자

정보국장 : 김덕영

홍보국장 : 유영아

운영위원 : 김영진

영상국장 : 최준표

다솔문학 동인지 초록물결 14집

다솔문학 10주년 기념

초판 발행일 2025년 10월 30일

지은이 다솔문학회
편집위원 김현희 조동현 이종철

펴낸이 양상구
웹디자인 김초롱
펴낸곳 도서출판 채운재
주 소 우) 01314 서울시 도봉구 시루봉로 15라길 38-39 301호
전 화 02-704-3301
팩 스 02-2268-3910
H · P 010-5466-3911
E-mail ysg8527@naver.com

정가 15,000원
ISBN 979-11-92109-99-2(03810)